Spielend leichtes Teambuilding

Seminare, Workshops, Trainings spielerisch und lebendig gestalten

LORELEI KOPP

Published by LUVE Publishing
3. Auflage, 2022

CodeWort Digitalagentur OG
Neubaugasse 24/1
8020 Graz
Austria

© 2022 CodeWort Digitalagentur OG
All Rights Reserved

www.luve-publishing.com

INHALT

Vorab	1
Grundlagen des Teambuilding	7
Warum Spiele? Drei wertvolle Gründe	8
Was ist das Ziel des Teambuilding?	11
Zwei Team-Theorien im Überblick	15
Der Trainer als wichtig(st)es Element	27
Das Zeug zum Trainer	28
Der didaktische Bereich	31

Deine Persönlichkeit 39

Soziale Kompetenzen 41

5 Tipps für ein erfolgreiches Trainererlebnis 43

Vorbereitung ist die halbe Miete 49

Probleme, Praxisbezug und Ressourcen – drei wichtige Bereiche 50

Herausfinden, worum es geht 54

Die richtige Struktur 59

Beispiel eines Ablaufplans 63

5 Tipps für eine erfolgreiche Planung des Teamevents 71

Es kann losgehen: Der Seminarstart 77

Ice-Breaker 78

Spiel: Wer bin ich? 83

Spiel: Zwei Wahrheiten, eine Lüge 84

Spiel: Das Puzzle 85

Spiel: Das offene Buch 87

Spiel: Was wäre, wenn? 88

Das Herz des Teambuilding: Die Teamspiele 91

Vom Engagement und möglichen Widerständen 92

Spiel: Die Kommunikationslinie 95

Spiel: Fünf Bälle, ein Team 98

Spiel: Das Team-Wappen 100

Spiel: Gleich und doch anders	101
Spiel: Der Fröbelturm	103

Krönender Abschluss: Die Nachhaltigkeit   **107**

Für Langfristigkeit sorgen	108
Spiel: Die Schatzsuche	115
Spiel: Die Bastelstunde	118
Spiel: Das öffentliche Versprechen	120
Spiel: Experiment mit der Augenbinde	122
Spiel: Das Teamduell	125

Ein Fazit und Ausblick   **129**

Feedback einholen: Eine Mustervorlage   **133**

VORAB

In meiner Karriere hatte ich bereits des Öfteren die Gelegenheit mit Unternehmerpersönlichkeiten aller Art sehr ehrliche und aufschlussreiche Gespräche zu führen. Abteilungsleiter, Filialleiter, Führungskräfte und Personalverantwortliche berichteten mir oft von ihren Problemen mit den lieben Angestellten. Die Formulierungen fallen dabei jedes Mal ein kleines bisschen anders aus, die Sorgen dahinter sind im Kern jedoch meist die gleichen: „Warum ist es nur so schwer die Mitarbeiter zur Zusammenarbeit zu motivieren und langfristig aus Einzelkämpfern ein funktionierendes Team zu gestalten?". Sie erzählen mir von ihren Versuchen mit Hilfe von Seminaren, Workshops und Teamausflügen die jungen und älteren Mitarbeiter zusammenzuführen, den einzelnen Abteilungen einen Teamspirit einzuhauchen und die suboptimale Kommunikation innerhalb der Belegschaft zu verbessern. Das gewünschte Resultat bleibt jedoch oftmals aus - oder es hält nur für einige wenige Tage.

Ich verstehe ihre Situation nur zu gut. Mir ging es vor einigen Jahre noch genau gleich. Ich war ratlos, warum Angestellte artig an meinen Seminaren teilnahmen, sich engagiert zeigten und nach einigen Arbeitstagen dennoch wieder in ihre alten Gewohnheiten zurückfielen und den guten Willen zur Teamarbeit scheinbar wieder vergaßen. Sie konnten die neu erworbenen Kenntnisse und den neuen Teamgeist einfach nicht langfristig in die Praxis umsetzen. Diese nüchterne Erkenntnis traf mich, genauso wie es die vielen Führungskräfte und Personalverantwortlichen eben auch traf.

Aus diesem Grund machte ich mich auf die Suche nach einer Lösung, die den Teamgeist längerfristig aufrechterhalten sollte. Ich wusste, es musste da einen Weg geben. Die Antwort auf mein Dilemma kam ausgerechnet von einer Person, von der ich es am wenigsten erwartet hatte. Eines Morgens bereitete ich meiner zweijährigen Tochter das Frühstück zu, als ihr Hunger größer war als ihre Geduld. Aus Protest klatschte sie ihre kleinen Hände auf den Tisch. Zur Ablenkung gab ich ihr eine Banane in die Hand. Die Haferflocken waren noch zu heiß. Ich wendete mich wieder dem Herd zu. Plötzlich hörte ich, wie meine Tochter mit jemandem sprach. Ich drehte mich zu ihr um und sah, wie sie die Banane ans Ohr hielt und mit Papa "telefonierte".

Zu diesem Zeitpunkt dachte ich mir noch nicht viel dabei. Kinderspiele waren schließlich nicht mehr und nicht weniger als lediglich Kinderspiele. Erst später rief ich mir dieses Bild wieder in mein Gedächtnis. Mir wurde klar, dass Kinder mit dieser Form des Spielens uns Erwachsene nachahmten. Meine Tochter hatte ihren Eltern schon unzählige Male beim Telefonieren zugesehen, doch keiner von uns telefonierte jemals mit einer Banane am Ohr.

Später lernte ich in meinen Trainerausbildungen, dass meine Tochter in diesem Moment sogenannten „Symbolspielen" nachging. Diese Art von Spiel ist ein natürlicher Vorgang in der Entwicklung jedes Menschen und verhilft den kleinen Wesen sich mit symbolischen Gegenständen sozial zu entwickeln. Ein Schuh wird zum Rennauto, Knöpfe werden zu Geldmünzen, die leere Taschentuchbox wird zur Kasse. Wenn Kinder heranwachsen, durchleben Sie diese Art von sogenannten sozio-dramatischen Spielen und nehmen verschiedene Rollen ein. Sie werden zu einem Busfahrer, einem Feuerwehrmann oder einer Köchin. Dieses spielerische Lernen ermöglicht es ihnen verschiedene Aspekte des Lebens aus der eigenen Perspektive heraus zu erkunden und sich individuell zu entwickeln.

Das Dilemma liegt jedoch darin, dass wir Erwachsene oftmals diese symbolische Welt vergessen. Zu vertieft sind wir im Alltag. Es bleibt neben all den täglichen Aufgaben scheinbar keine Zeit für spielerische Ausflüge in unsere Phantasie- oder Gedankenwelt. Doch, und das ist nun die gute Nachricht, die Möglichkeit dazu bleibt uns auch im

Erwachsenenleben erhalten! Die symbolische Welt ist ein wertvoller Schatz, der uns jederzeit zur Verfügung steht. Wir müssen nur Platz dafür schaffen und einen gedanklichen Ausflug bewusst zulassen.

Mit diesem Buch möchte ich dir einige hilfreiche Inputs und vor allem auch Gründe für das Verwenden von symbolischen Teamspielen mit an die Hand geben. Ich bin überzeugt dir damit ein starkes Instrument für das nächste Teamseminar bieten zu können und werde dir im Laufe dieses Buchs neben theoretischen Aspekten 15 konkrete Spielideen zum langfristigen Aufbau des Teamspirits präsentieren.

In diesem Sinne wünsche dir von Herzen viel Spaß beim Eintauchen in die Welt des Teambuildings!

Sollten während oder nach dem Lesen Fragen deinerseits offenbleiben, freue ich mich jederzeit unter lorelei@luve-publishing.com von dir zu lesen und dir Antworten, Feedback oder auch persönliche Tipps zu diesem spannenden Thema geben zu dürfen.

Deine Lorelei Kopp

Spielend leichtes Teambuilding

Spielend leichtes Teambuilding

GRUNDLAGEN DES TEAMBUILDING

Du wirst in diesem Kapitel lernen:

- Wieso Spiele als Mittel zur Wissensvermittlung ideal geeignet sind?
- Warum Teambuilding als Schlüssel zum unternehmerischen Erfolg gesehen werden kann?
- Was ein erfolgreiches oder weniger erfolgreiches Team unterscheidet und demnach ausmacht?
- Welche Merkmale Teams haben können und inwieweit sie dir als Trainer, Coach oder Workshopleiter behilflich sind?

WARUM SPIELE? DREI WERTVOLLE GRÜNDE

„Zusammenkommen ist ein Beginn,
zusammenbleiben ist ein Fortschritt,
zusammenarbeiten ist ein Erfolg."

Henry Ford

Zum Einstieg in die Thematik möchte ich dir zunächst drei gute Gründe mit auf den Weg geben, wieso ausgerechnet Gruppen- und Teamspiele die passende Möglichkeit zum Aufbau des Teamgeists sind und sich ideal zum Teambuilding eignen.

SYMBOLISCHES LERNEN

Wie uns bereits im Vorwort sehr anschaulich klar geworden ist, haben Spiele oftmals eine symbolische Tragweite. Durch symbolisches Denken lernt der Spielende unter anderem soziale, kognitive und emotionale Kompetenzen. Ein Symbol ist in diesem Zusammenhang sehr breit gegriffen - es kann sowohl ein Objekt als auch ein Bild oder ein Erlebnis sein, das einen bestimmten Sachverhalt repräsentiert. Nehmen wir beispielsweise den Begriff „Haus" als Beispiel her. Müsste ein Kind ein beliebiges

Haus zeichnen, würde es wohl ein symbolisches Haus aus einem großen Viereck für die Mauern, zwei kleineren Vierecken für die Fenster und einem Dreieck für das Dach zeichnen. Heutzutage gibt es eher keine Häuser mehr, die diesem Symbolbild 1:1 entsprechen. Was der Verstand tut, ist alle Häuser, die die Augen des Betrachters jemals gesehen haben, in ein Bild zu vereinen und dafür ein gedankliches Symbol für ein „Haus" entstehen zu lassen.

Ohne diese symbolische Basis würden – um nun wieder zurück zum Spielcharakter und deren Bedeutung zu kommen - Spiele keinen Spaß machen. Der Mensch ist dazu angehalten komplexe Situationen zu zerlegen und in Form von simplen Schaubildern oder Erklärmustern für ihn leichter verständlich zu gestalten. Indem wir nun Spiele mit Symbolcharakter hernehmen simplifizieren wir neu gewonnene Erkenntnisse, Erlebnisse oder Erfahrungen. Zu diesem Aspekt werden wir im Laufe des Buchs noch anschauliche Praxisbeispiele begutachten, die diese Erkenntnis unterstreichen werden.

EINEN SICHEREN KONFLIKTRAUM SCHAFFEN

Spiele sind aus einem weiteren Aspekt sehr vorteilhaft im Aufbau eines gemeinsamen Teamgeists. Beim Spielen brechen oftmals unterschwellige Konflikte auf und die Unstimmigkeiten werden in einem sicheren Konfliktraum geklärt. Konflikte am Arbeitsplatz auszutragen und ihnen bei einer Besprechung oder zwischen den Büroarbeitsplätzen freien Lauf zu lassen – da erzähle ich dir wohl nichts überraschendes - hat negative Konsequenzen für alle Beteiligten.

Aus diesem Grund sprechen wir problematische Aspekte im Arbeits-Setting lieber nicht an. Bei einem Spiel hingegen bietet sich ein sicherer Raum in dem Konflikte an die Oberfläche kommen dürfen – ohne, dass jemand negative Konsequenzen davontragen muss. Die Situation wird in Spielsituationen nämlich meist nicht wertend behandelt, sondern vielmehr spielerisch und gleichzeitig lösungsorientiert. In einem gut geleiteten Training werden die Teilnehmer des Spieles sogar ermutigt gemeinsam eine Lösung für ihre offensichtlichen oder auch versteckten Konflikte zu finden und setzen sich damit mit bis dato verschwiegenen Konfliktstimmungen auseinander.

SPIELE BAUEN STRESS AB

Ein dritter wichtiger Faktor, der ebenso für das gemeinsame Spielen spricht und es aus diesem Grund nicht nur für Kinder attraktiv gestaltet, ist der damit einhergehende Stressabbau. Spiele fördern – besonders auch bei Erwachsenen - die Kreativität, ihr Einfühlungsvermögen und stimulieren gleichzeitig den kognitiven Prozess. Doch, und damit kommen wir nun zu dem wichtigsten Aspekt für ein wirtschaftlich orientiertes Unternehmen, Spiele bauen den im Alltag aufgestauten Stress nachweislich ab. Gerade im Berufsalltag, in dem Stress nicht nur entsteht, sondern auch Auswirkungen auf die Arbeitsleistung der Angestellten hat, ist es wichtig stressabbauende Aktivitäten für die Mitarbeiter anzubieten. Spiele sind dabei selbstverständlich nur eine Möglichkeit des Stressabbaus. Wir werden im Laufe des Buches noch auf gute Gründe stoßen, wieso Teamspiele zu den besten Möglichkeiten gegen Stress am Arbeitsplatz zählen.

Vorweg sei noch kurz erklärt, dass Stress in der Arbeitswelt über einen längeren Zeitraum hinweg die Motivation und Produktivität der Mitarbeiter beeinträchtigt. Beides sind Faktoren, die wohl kein Unternehmen freiwillig in Kauf nimmt. Aus diesem Grund sind präventive Burn-Out-Maßnahmen in modern geführten Unternehmen bereits sehr etabliert. Das Schaffen von „Spielraum" - im wahrsten Sinne des Wortes - ist in diesem Zusammenhang eine sehr kraftvolle Möglichkeit zum Aufbau eines gesunden Teams.

WAS IST DAS ZIEL DES TEAMBUILDING?

Ein jedes Unternehmen schreibt sich regelmäßig neue Ziele auf die Unternehmensflagge. Und ein Großteil dieser Unternehmen braucht zum Erreichen dieser Ziele produktive Mitarbeiter. Ab einer gewissen Größe behelfen sich Unternehmen oft strukturell mit bewusst geführten

Abteilungen, Hierarchien oder Filialen. Nur mit solch einer Einteilung der Mitarbeiter und Unternehmensbereiche kann ein größeres Unternehmen erfolgreich geführt werden. Solch eine Struktureinführung bringt jedem Mitarbeiter die Möglichkeit sich in seinem spezifischen Bereich zu spezialisieren und das Unternehmen mit seinem Fachwissen punktuell zu bereichern. Doch, weil jeder Mitarbeiter eben ein Bruchteil des Gesamten darstellt, kann der einzelne Mitarbeiter schnell das „Big Picture" oder das „große Ganze" aus den Augen verlieren. Ohne einen klaren Weitblick fühlt er sich vielleicht nicht mehr zu hundert Prozent mit dem Unternehmen, seinen Produkten oder seinen Serviceleistungen verbunden und es kann ein Entfremdungsprozess in Gang gesetzt werden. Ein möglicher Weg dieses Gefühl abzuschwächen besteht darin, die jeweilige Arbeit als etwas Wichtiges innerhalb eines „großen Ganzen" zu erkennen. Das große Ganze muss dabei nicht das länderübergreifende Unternehmen darstellen, sondern kann die spezifische Fachabteilung in Form eines Teams sein. Ein solches Team gibt dem Mitarbeiter idealerweise das Gefühl in diesem Teil des Unternehmens etwas bewirken zu können, gemeinsam mit dem Team am Unternehmenserfolg mitzuwirken und eine Verbundenheit zum Unternehmen zu empfinden.

TEAM VS. GRUPPE

Nun müssen wir, bevor wir einige neue Erkenntnisse gewinnen werden, noch mit einem gängigen

Missverständnis ausräumen. Nur zu oft werden die beiden Begriffe „Team" und „Gruppe" identisch verwendet und es kommt zu keiner klaren Trennung. Allerdings besteht ein subtiler Unterschied zwischen den beiden Begrifflichkeiten, der nicht nur für das Interesse des Unternehmens wichtig ist, sondern auch für dich als Trainer, Coach oder Lehrer von großer Bedeutung sein kann. Teilt dein Auftraggeber dir beispielsweise ein sogenanntes Team zu und bittet dich ein Tagesseminar zum Teambuilding durchzuführen und es stellt sich nach einer näheren Analyse heraus, dass die Teilnehmer weniger ein Team als eine Gruppe sind, wirst du ganz andere Strategien, Techniken und Workshops anwenden müssen. Tust du dies nicht, führen deine ganzen Bemühungen ins Leere und die definierten Ziele werden mit großer Wahrscheinlichkeit nicht erreicht werden. Den Grund dafür, werde ich dir gleich verraten.

Doch zuerst möchte ich noch erwähnen, dass du selbstverständlich erst einmal davon ausgehen wirst, dass dein Auftraggeber den Unterschied sehr wohl kennt. Dennoch darf ich dir aus jahrelanger Erfahrung mitteilen, dass dies oftmals nicht der Fall ist. Und ein bedeutender Teil deines Arbeitsauftrags ist es eben auch – zumindest meinem Verständnis zufolge – die geschilderte Situation des Auftraggebers zu analysieren und für dich selbst zu analysieren, welche Konstellation an Teilnehmern du bei deinem Workshop, Seminar oder Training vorfinden wirst.

Der große Unterschied besteht darin, dass eine Gruppe erstmals eine Ansammlung an Individuen, mit dem klaren

Auftrag ein Ziel zu erreichen, sind. Dieses Ziel muss nicht immer für alle Mitglieder der Gruppe identisch sein. Die 11. Klasse des X-Gymnasiums ist eine Gruppe von Schülern, die aufgrund von bestimmten Kriterien - wie dem Alter oder dem Bestehen aller Fächer in der 10. Klasse - zusammengesetzt wurden. Gehen wir nun davon aus, dass alle Schüler der 11. Klasse als Hauptziel das Erreichen der bestmöglichen Noten haben, entdecken wir gleich den Unterschied. Warum die einzelnen Schüler die bestmögliche Note erreichen wollen, ist in der Praxis sehr unterschiedlich. Schülerin A braucht gute Noten für ihr angestrebtes Medizinstudium, Schüler B will hingegen Architektur studieren. Schülerin A ist auf sich alleine gestellt und wird nicht von Schüler B beeinflusst, ebenso ist es mit Schüler B. Somit ist die 11. Klasse eine (klassische) Gruppe und kein Team.

Ein Team hingegen arbeitet gemeinschaftlich miteinander an einem Ziel. Wenn wir dazu noch einmal die 11. Klasse des X-Gymnasiums hernehmen und uns vorstellen es sei Sporttag und die Klasse kämpft in einem Wettkampf gegen die 11. Klasse des Y-Gymnasiums, wird der Unterschied schnell klar. In diesem Szenario wird aus einer Gruppe ein Team. Die Mitglieder müssen für ein gemeinsames Ziel zusammenarbeiten und gegen ein anderes Team antreten. Der Erfolg oder Misserfolg des Teams hängt nun stark von der Kooperation und Leistung aller Mitglieder ab und nur als Team können sie gewinnen und das konkurrierende Gymnasium schlagen.

UNTERSCHIEDE IN STICHPUNKTEN

GRUPPE
- Individuelle Zielerreichung
- Ziele sind unabhängig voneinander
- Verantwortung gegenüber dem Vorgesetzten
- Das Ergebnis ist dem einzelnen Mitglied zu verdanken

TEAM
- Kollektive Zusammenarbeit
- Ergebnis von der Teamleistung abhängig
- Jedes Mitglied trägt Verantwortung
- Das Ergebnis ist allen Mitgliedern zu verdanken

ZWEI TEAM-THEORIEN IM ÜBERBLICK

Nach diesen Erkenntnissen tauchen wir nun kurz in die Welt der Team-Theorien ein. Es gibt – auch da werde ich keine Überraschung für dich bereit halten - viele Theorien im Zusammenhang mit Team- und Gruppendefinitionen, zwei davon finde ich für unseren Zwecke besonders spannend und deshalb möchte ich sie dir nun gerne präsentieren.

Diese beiden Theorien beschäftigen sich mit der Kooperation und Dynamik eines Teams und mit ihrer Hilfe werden wir später verstehen, wie und warum bestimmte Spiele besonders gut funktionieren. Falls es dich interessiert, findest du im Anhang dieses Buch eine ganze Liste weiterer Ansätze für Team-Theorien – schmökere gerne durch und lass dich davon inspirieren.

Für den Moment wollen wir jedoch zwei wichtige Ansätze genauer betrachten. Die erste Theorie bezieht sich auf die Autonomie des Teams (Gary S. Topchik), wo hingegen die zweite Theorie auf die Dynamik des Teams abzielt (Bruce Tuckman).

AUTONOMIE

Gary S. Topchik beschreibt vier Stadien, die ein Team durchläuft. Er beschreibt den Verlauf eines Teams von einer absoluten „Gehorsamkeit" gegenüber dem Vorgesetzten hin zur fast kompletten Unabhängigkeit in der letzten Phase.

Phase 1:
Work Group (Die Arbeitsgruppe)
In dieser ersten Phase ist das Team in der sogenannten „Gruppenphase". Es gibt keinen dezidierten Austausch zwischen den Mitgliedern, alle kommunizieren nur direkt mit dem Vorgesetzten und aus diesem Grund geschieht die Kommunikation in dieser Phase stets senkrecht - von oben nach unten und vice versa.

Phase 2:
The Developing Team (Das sich entwickelnde Team)
Das Team gewinnt in dieser zweiten Phase nun ein wenig Vertrauen vom Manager oder Vorgesetzten. Bestimmte Aufgaben werden bereits unabhängig vom Vorgesetzten durchgeführt. Einige Kommunikationswege entwickeln sich sogar unabhängig. Die Kommunikation erfolgt in dieser Phase nicht mehr ausschließlich von oben nach unten und umgekehrt, sondern auch unter gleichrangigen Angestellten. Die Gruppe hat sich also langsam zu einem Team entwickelt, das ein gewisses Verhältnis zueinander pflegt.

Der Vorgesetzte beginnt Input und Feedback von den Teammitgliedern zu sammeln, was bestimmte Entscheidungen und Themen angeht. Die Teammitglieder werden erstmals beim Entscheidungsprozess mit einbezogen. Alleine der Vorgang des „Input sammelns" führt dazu, dass Teammitglieder untereinander kommunizieren.

Phase 3:
Participative Team (Das partizipative Team)
In dieser Phase teilt der Vorgesetzte erstmals Entscheidungsmacht mit den Teammitgliedern. Jedes Mitglied hat in dieser Phase die gleiche Verantwortung wie es der Vorgesetzte hat. Das Spannende an diesem Prozess ist es, dass der Vorgesetzte immer noch die Autoritätsperson des Teams ist.

Da alle Mitglieder eine wichtige Rolle spielen, sind sie für das Ergebnis der Entscheidung mitverantwortlich. Weil es nun um wichtige Entscheidungen wie beispielsweise die Kundenakquise, Änderungen in der Lieferkette oder die Einführung neuer Technologien geht, wird von den Teammitgliedern die nötige Expertise sowie Verantwortung erwartet.

Zudem benötigt das Team nun mehr Kommunikation, das sich in der Praxis oftmals als zeitaufwändig darstellt. Die Optimierung der Kommunikation untereinander ist gewiss nicht immer leicht und verlangt die Mitwirkung und den Willen aller Mitglieder.

Gary S. Topchik spricht auch von einer Übergangsphase zwischen dem sich entwickelnden und dem teilnehmenden Team, indem schrittweise Entscheidungen mitgetroffen und mitgetragen werden. Dies sind in der Regel jedoch oftmals Entscheidungen, die nicht unmittelbar überlebensnotwendig für das Unternehmen sind. Beste Beispiele dafür könnten das Organisieren von Veranstaltungen oder Firmenfeiern sein. Langsam kommt es über solche Aufgaben zu Entscheidungen in dem beispielsweise neue Mitarbeiter angestellt oder Projektaufgaben neu verteilt werden.

Phase 4:
Autonomous Team (Das autonome Team)
Diese vierte Art eines Teams ist vorzugsweise in kleinen Unternehmen anzutreffen, funktionieren jedoch durchaus

auch in größeren Unternehmenskonstellationen. Im autonomen Team wird die Führungskraft nur mehr selten als Entscheidungsträger mit einbezogen. Meist werden nur mehr wichtige Angelegenheiten mit dem Vorgesetzten abgesprochen, alle anderen Aspekte führt das Team sehr selbständig durch. Diese Teamarbeit führt zu einer hohen Motivation in der Arbeit, bringt ein starkes Gefühl der Zusammengehörigkeit mit sich und lässt – als Krone sozusagen – auch die individuelle und kollektive Selbstverwirklichung zu.

Die Teammitglieder sind in dieser vierten Phase in ständiger Kommunikation miteinander und unmittelbar voneinander abhängig. Team-Meetings sowie der Büroalltag können auch ohne den vorgesetzten Manager reibungslos abgehalten werden. Das autonome Team ist selbständig für den Vorgang und das Resultat ihrer Arbeit verantwortlich. Sie müssen sich über viele Entscheidungen erst gar nicht mit dem Vorgesetzten absprechen, sondern genießen aufgrund ihrer Erfahrung und Expertise das volle Vertrauen des Unternehmens.

Stellt sich für uns die Frage, warum ausgerechnet die letzte Teamphase für den Trainer oder Coach von großer Bedeutung sein soll?

Der Grund dafür lässt sich mit Blick auf das Erstgespräch mit dem Auftraggeber leicht erkennen. Manche Manager wünschen sich, dass ihr Team autonomer wird und ein effizientes Kommunikationssystem entwickeln, während in anderen Unternehmen eine festgenagelte Hierarchie gelebt und vom Management auch verlangt wird. In solch einem Fall macht es wenig Sinn an der Autonomie des Teams „herumzudoktern", wenn es für das Unternehmen nicht zielführend und gewünscht ist. Im 3. Kapitel werden wir einige Beispielfragen durchgehen, an denen du rasch bemerken wirst, in welcher Teamphase sich das jeweilige Team aktuell gerade befindet und welche Art von Autonomie sich der Auftraggeber des Teambuildingevents jeweils wünscht.

Neben der Gruppenautonomie ist auch die Gruppendynamik ein wesentlicher Aspekt, den es bei der Planung und Durchführung eines Teambuildings zu berücksichtigen gilt. Mit Gruppendynamik ist die Art und Weise gemeint, wie Individuen innerhalb der Gruppe und auch zwischen den Gruppen interagieren. Die Gruppendynamik kann dir im Allgemeinen auch einiges über das Alter des Teams verraten. Es sind oft meilenweite Unterschiede im Umgang miteinander, ob das Team gerade frisch zusammengefunden oder bereits seit längerer Zeit stark zusammengewachsen ist. Für dich, als Trainer oder Coach, ist es wichtig, die Dynamik des Teams zu identifizieren, um darauf aufbauend gezielte Techniken auszuwählen und eine harmonische Zusammenarbeit zu fördern.

DIE FÜNF PHASEN DER GRUPPENDYNAMIK

Die zweite Theorie, die es aus der ganzen Fülle an vorhandenen Theorie-Modellen wert ist genauer betrachtet zu werden, ist das sogenannte „Tuckman-Modell". Dieses Modell beschreibt die fünf wichtigen Phasen, die ein Team von seiner Entstehung bis hin zur eventuellen Auflösung durchläuft. Wenn sich ein neues Team bildet, oder beispielsweise zwei Filialen zusammengefügt werden, entstehen in den allermeisten Fällen unausgesprochene oder ausgesprochene Konflikte. Oft passiert es, dass der Auftraggeber sich verloren fühlt und nicht mehr weiß, wie er die Situation lösen soll. Trainer oder Coaches springen in solchen Situationen ein und verhelfen dem Auftraggeber dabei, den Überblick zu behalten und das Team wieder zu einem harmonischen Gefüge zusammenzuführen. Für die Planung einer Teambuilding-Veranstaltung ist es für dich nun besonders hilfreich, die aktuelle Phase eines Teams zu kennen, um deine Spiele und Inhalte dementsprechend auszurichten.

Wichtig ist an dieser Stelle noch kurz zu erwähnen, dass dein Ziel nicht darin besteht diese Erkenntnisse ("In welcher Teamphase befindet sich das aktuelle Team?") dem Auftraggeber gegenüber zu kommunizieren. Selten möchten Auftraggeber über Theorien sprechen, vielmehr wollen sie einfach nur das Problem gelöst bekommen. Doch, für dich als Trainer oder Coach ist die Erkenntnis in welcher Phase sich das Team befindet essenziell.

1. Phase - Forming

In dieser ersten Phase kommt es zu den ersten Konflikten innerhalb des Teams. Die einzelnen Arbeitnehmer erkunden die Lage und testen womöglich auch erstmals die Grenzen in Bezug auf die Kollegen aus. In dieser Phase ist eine Liste von strengen Regeln empfehlenswert, an die sich alle Mitarbeiter halten müssen - beispielsweise müssen sie an allen Meetings teilnehmen oder die täglichen Infoblätter bis zehn Uhr lesen. Dabei muss der Vorgesetzte des Teams sicherstellen, dass sich alle Mitarbeiter an die Regeln halten, sowie etwaige Abweichungen direkt mit den betroffenen Mitarbeitern ansprechen. Das Bild des Vorgesetzten als Autoritätsfigur spielt in dieser Phase eine wichtige Rolle.

2. Phase - Storming

In der „Sturmphase" kommt es zu ersten Reaktionen gegenüber den vorhandenen Regeln. Einige Mitarbeiter werden sich daran halten, andere werden rebellieren. Konflikte unter den Mitarbeitern werden ausgeprägter und sichtbarer. An dieser Stelle ist es möglich, dass sogar der Vorgesetzte für seinen schlechten Führungsstil kritisiert wird. Dieser muss die Konflikte anerkennen, sie offen ansprechen und auf die vorhandenen Arbeitsregeln hinweisen. Als Resultat zeigt sich ein neuer, wenn auch inoffizieller, Teamleiter. Daraufhin kann es sein, dass einige Mitarbeiter mit der Situation nicht klarkommen und kündigen.

Der Rest des Teams jedoch geht über in die nächste Phase.

3. Phase - Norming

Dies ist die Phase in der Normen entstehen, eine Mitarbeiter- und Unternehmenskultur geschaffen wird und ungeschriebene Regeln der Teamzusammenarbeit zum Einsatz kommen.

4. Phase - Performing

Sobald das Team die soziale Dynamik, geschriebene sowie ungeschriebene Regeln, verinnerlicht hat, können sie sich auf die eigentliche Arbeit konzentrieren. Zum ersten Mal werden die gemeinsamen Ziele eines Teams klar ersichtlich. In dieser Phase wird auch an der Motivation und Produktivität gearbeitet. Der Vorgesetzte belohnt und feiert den Erfolg des Teams und jedes Teammitglied identifiziert sich mit der Philosophie des Unternehmens.

5. Phase - Adjourning

Die fünfte Phase ist nur für Teams gültig, die zeitbegrenzt zusammenarbeiten und demnach zeitlich limitiert „zusammengewürfelt" wurden. In dieser Phase wird das Erreichen des Zieles klar anerkannt und im Anschluss daran auch gefeiert.

SHORT FACTS

In diesem Kapitel haben wir folgende Inhalte gelernt:

- Spiele sind nicht nur für Kinder, sondern auch für Erwachsene da. Sie profitieren von den Vorteilen spielerischer Unterfangen genauso, wie dies Kinder tun.

- Teamspiele unterstützen kognitive, emotionale und soziale Kompetenzen, bauen Stress ab und machen zudem in den meisten Fällen Spaß.

- Durch die menschliche Fähigkeit des symbolischen Denkens können Erfahrungen aus Spielen ins Leben übertragen werden. Das Nachspielen von unterschiedlichen Situationen ermöglicht den Teilnehmern zudem ihre symbolischen Erfahrungen in das konkrete Berufsleben zu übertragen und in der Praxis anzuwenden.

- Es gibt wichtige und wesentliche Unterschiede zwischen einem Team und einer Gruppe. Die Mitglieder einer Gruppe arbeiten individuell und unabhängig voneinander, sie sind für die Ergebnisse selbständig verantwortlich.

Dem gegenüber arbeiten Mitglieder eines Teams gemeinsam am Erreichen eine Ziels und sind direkt abhängig voneinander. Ihr Ergebnis haben sie allen Teammitgliedern zu verdanken.

Darüber hinaus haben wir zwei Team-Definitionen genauer betrachtet: die Autonomie und die Dynamik.

- Autonomie ist das Maß an Verantwortung, Kommunikationsfreiheit und Entscheidungsmacht, die einem Team zur Verfügung steht.

- Dynamik bezieht sich auf die Phase bzw. die Reife eines Teams, von seiner Gründung bis hin zur Auflösung.

Um optimale Ergebnisse in deinem Team-Event zu erzielen, ist es empfehlenswert die einzelnen Phasen der beiden Theorien im Hinterkopf zu behalten und damit sowohl die Teamkonstellation als auch die Workshop- bzw. Trainingsziele besser definieren zu können.

Grundlagen des Teambuilding

DER TRAINER ALS WICHTIG(ST)ES ELEMENT

Du wirst in diesem Kapitel lernen:

- Welche Fähig- und Fertigkeiten ein erfolgreicher Trainer mitbringen sollte.
- Wie du dir diese Fertigkeiten aneignen und anschließend zielführend einsetzen kannst.
- Welche fünf Tipps ich dir für ein gelungenes Trainererlebnis mit auf den Weg geben will.
- Warum die Kombination aus Didaktik, Methodik und sozialer Kompetenz zu einem gelungenen Workshop-Erlebnis verhelfen kann.

DAS ZEUG ZUM TRAINER

„Falle sieben Mal hin,
stehe acht Mal auf."

Japanisches Sprichwort

Für die Teilnehmer einer Veranstaltung ist der Trainer eine Person, die einen hohen Grad an Knowhow vorzuweisen hat und dieses Wissen beinahe spielerisch weitergeben kann. Aus diesem Blickwinkel heraus soll ein guter Trainer fast spontan Wissen aus dem Ärmel schütteln können und dabei kompetent, vorbereitet und locker zugleich wirken. Hinter dieser Leichtigkeit steckt jedoch eine Menge trockener Vorarbeit, Vorbereitung und Vorleistung - lass mich dir diese Illusion gleich einmal nehmen.

Die Arbeit als Trainer, Coach oder Lehrer kann sehr aufregend und bereichernd sein. Übung macht in dieser Angelegenheit auch gewiss ein Stück weit den Meister, durch das ständige Üben, Erkunden und Austesten der eigenen Fertigkeiten kommt mit der Zeit ganz von selbst die Lockerheit zustanden. Das Sammeln von Erfahrung bringt außerdem hervorragende Chancen zur Selbstentwicklung und Selbstreflexion mit sich. Du lernst in jedem Lehr- und Coaching-Prozess nicht nur die Anderen, sondern gleichzeitig auch dich selbst besser kennen und lernst vieles über dich – zum Beispiel, wo deine Stärken und Schwächen liegen oder welche Vorlieben oder Ängste du hast. Letztendlich macht dich das zu einem besseren Trainer, Coach oder Lehrer – zumindest ist das aufgrund der jahrelangen Erfahrung in diesem Bereich meine persönliche Einstellung.

Als Trainer musst du grundsätzlich drei wichtige Teilbereiche im Blicke haben: den didaktischen Bereich, den Bereich der eigenen Persönlichkeit und den Bereich der sozialen Kompetenzen. Wir werden uns nun alle drei Bereiche etwas genauer anschauen und in Folge dessen ein grobes Verständnis für diese drei bedeutsamen Aspekte erhalten.

Der didaktische Bereich bezieht sich auf die Methodik, Didaktik und das Wissen, das hinter dem jeweiligen Workshop steckt. Zu diesem Teil zählt ein passender Ablaufplan gleichermaßen wie die Tatsache, dass du die Teilnehmer mit bereichernden Inhalten belehren willst. Ein Trainer muss sich selbstverständlich mit dem neuesten Stand der Dinge auskennen, um seine Legitimität zu unterstreichen und authentisch das Wissen zu vermitteln. Nichts ist schlimmer für die Seminarteilnehmer als bereits vorhandenes Wissen tagelang erneut eingetrichtert zu bekommen und damit wertvolle Zeit zu vertrödeln. Die Aufgabe des Trainers ist es den Teilnehmern neue und relevante Informationen im entsprechenden Bereich zu liefern und spielerisch Aufgaben zu erarbeiten und den Teamgeist zu stärken. Ein Trainer ist jedoch meist in erster

Linie ein Sachverständiger, der nicht nur berät und das Knowhow der Gruppe zusammenführt, sondern auch das Zeug zum Lehren und Vermitteln von Wissen besitzt. Dies mag nach einem unmöglichen, zu breiten Spagat klingen, doch wir gehen die Punkte in den nächsten Kapiteln noch Punkt für Punkt durch. Mit dieser Hilfe solltest du dann auch theoretisch das notwendige Wissen zum Meistern solcher Workshop-Situationen erhalten.

Die eigene Persönlichkeit spielt in diesem Prozess der Wissensvermittlung eine ebenso wichtige Rolle und ist deshalb der zweite Aspekt, den der Trainer stets im Auge behalten sollte. Der eigene Auftritt, vom ersten Telefonat mit dem Auftraggeber hin zur Durchführung und der Feedbackrunde mit den Teilnehmern, muss auf einer professionellen Ebene stattfinden. Eine positive Einstellung des Trainers hat dabei unglaubliche Auswirkungen auf die Lernerfahrung der teilnehmenden Personen. Genau genommen ist solch eine positive Einstellung sogar zwingend notwendig, um die Seminarteilnehmer zu motivieren und mit dem notwendigen Feuer anzustecken. Wenn du selbst an die eigenen Schul- oder Universitätsjahre zurückdenkst, waren es oft gewisse Lehrer/innen, die ein Fach unerwartet spannend machten und die Schüler begeistern konnten. Um deine Arbeit für die Gruppe, das Team oder die (Seminar-)Teilnehmer attraktiv zu gestalten, gehört eine Extraportion Schwung und Selbstbewusstsein dazu – behalte dies im Kopf und arbeite weit im Vorfeld der Teamveranstaltung an diesem Aspekt.

Der dritte Teilbereich, der einen Trainer auszeichnet, sind soziale Kompetenzen, wie beispielsweise die Fähigkeit in Konfliktsituationen die Gruppe oder die einzelnen Individuen zu leiten und die Kontrolle über das Geschehen nicht zu verlieren. Einfühlungsvermögen, Selbstreflexion und aktives Zuhören spielen hier eine wichtige Rolle. Wir werden im Laufe des Buchs noch einiges zu diesem Aspekt erfahren und belassen es für den Moment dabei die Erkenntnis über die Bedeutung dieser sozialen Kompetenzen festzuhalten.

DER DIDAKTISCHE BEREICH

Ein gängiges Missverständnis liegt in der Verwendung der beiden Begriffe um Didaktik und Methodik. Während sich die Didaktik mit der Frage „Was wird gelehrt?" beschäftigt, geht die Methodik der Fragestellung „Wie wird gelehrt?" nach. Somit ist in der Didaktik die Auswahl des Lehrmaterials von großer Bedeutung. Besonders für Trainer und Lehrer ist es wichtig zu planen, welche Informationen in die Veranstaltung hineinkommen und welche Wissensteile bewusst ausgeklammert werden. Welche Fragestellungen, Informationen und Daten sind relevant für das definierte Stadium der Seminarteilnehmer? Welche Informationen brauchen sie zwingend? Warum ist es zielführend, dass die Teilnehmer spezielle Informationen bekommen und andere lieber nicht?

Um diese Fragen beantworten zu können ist es wichtig, dass der Trainer das Wissenslevel der Teilnehmer ganz genau kennt. Das heißt, die Lernenden befinden sich aktuell an Punkt A und die Aufgabe des Trainers ist es sie zu Punkt B zu führen.

Ein wichtiger Teil der Didaktik besteht auch darin zu entscheiden, was nicht in ein Seminar hineinkommen soll und bewusst ausgeklammert wird. Am Anfang beging ich immer den Fehler, die Teilnehmer mit Informationen zu überfüllen – ein typischer Anfängerfehler, der beinahe jedem werdenden Coach begegnet. Die Teilnehmer konnten dann oftmals nicht mehr priorisieren oder sich das Wesentliche merken. Das Problem lag dabei aber nicht bei ihnen, sondern ganz klar bei mir. Ich selbst konnte nicht priorisieren, da mir alles wichtig erschien. Die Kunst der Didaktik ist jedoch auch die dezidierte Bereitschaft, viele Informationen loszulassen und sie bewusst nicht in den Themenkreis des Workshops aufzunehmen. Für solche Situationen sind immer Hand-Outs mit weiterführender Literatur nützlich, die du den Teilnehmern zur Verfügung stellen kannst und sie damit zu einer Vertiefung der Materie einlädst.

Neben der Didaktik ist es die Methodik mit der du dich als Trainer vor jedem Seminar auseinander setzten solltest. Es tut sich die Frage auf, wie du die Gruppe am besten zum besagten Punkt B bringst. Vielleicht helfen dir dabei Fragen wie: „Welche Techniken setze ich ein, damit die Informationen bestmöglich bei den Teilnehmern ankommen? Wie kann ich ihnen beweisen, dass sie die Informationen in ihrem Berufsalltag brauchen und sich das Einarbeiten in dieses Thema rentiert?"

Deine Techniken bestimmen in der Seminarpraxis außerdem, ob und inwiefern die Teilnehmer die vermittelten Informationen erfolgreich abspeichern bzw. verinnerlichen. Einen monotonen Vortrag zu halten ist dabei eher wenig erfolgversprechend, das dürfte einleuchtend sein. Die Teilnehmer fangen in diesem Falle mit großer Sicherheit an zu gähnen und schauen alle zwei Minuten auf die Uhr. Sind die Teilnehmer gelangweilt, bedeutet dies, dass ihr Gehirn kein Lernprozess mehr durchführt. Glücklicherweise gibt es ausreichend Möglichkeiten, solch peinliche Situationen zu vermeiden. Verschiedene, praxisnahe Techniken, von denen wir später auch noch einige kennenlernen werden, helfen uns diesbezüglich auftauchende Fehler zu vermeiden.

Eine der Schwierigkeiten, warum der Lehrstoff nicht bei den Seminarteilnehmern ankommt, können beispielsweise zu dicht verknüpfte und komplexe Inhalte sein. Ein Lehrstoff kann oft sehr verwirrend und vielschichtig sein, doch aufgrund einer einfachen Aufteilung in kleine Portionen kann er dennoch leicht verständlich präsentiert werden. So werden die Teilnehmer den roten Erklärfaden nicht verlieren und sich während des Seminars zur Mitarbeit engagieren. Doch, welches sind nun die richtigen Techniken für das erfolgreiche Lernen von komplexem Wissen?

Ich möchte dir meine sechs persönlichen Techniktipps verraten, damit wir neben dem bereits erlernten Theoriewissen auch gleich ein wenig Praxis mit ins Spiel bringen:

1. Achte auf deine Wortwahl!

Ein einfacher Tipp ist mehr Verben und weniger Nomen zu verwenden. Ein Beispiel soll dir das ganz einfach veranschaulichen:

> „Die Reihenfolge der Durchführung dieser Schritte ist von besonderer Bedeutung, sodass mögliche Fehler vermieden werden."

Eine simple Formulierung wäre einfach:

> „Es ist wichtig, die Reihenfolge dieser Schritte einzubehalten, damit ihr Fehler vermeidet."

Der zweite Satz wirkt um Welten verständlicher, da die unnötige Substantivierung wegfällt. Außerdem ist die Aktiv-Form der Verben oft angenehmer als die Passiv-Form. „Vermieden werden" wirkt distanziert, während „vermeiden" den Zuhörern das Geschehen viel lebhafter illustriert.

2. Keine Fachbegriffe einbauen, um klüger zu wirken!

Viele Trainer haben den Eindruck, ihre Glaubwürdigkeit

würde mit Hilfe von komplizierten Wörtern unterstrichen werden - ich spreche auch in diesem Aspekt aus eigener Erfahrung und habe mich selbst schon oft dabei ertappt. Oft versucht man als Trainer mit Hilfe von Fachbegriffen eine Thematik wiederzugeben. Wann immer ich etwas Lampenfieber hatte oder mir bei einem Seminar thematisch nicht hundert Prozent sicher war, versteckte ich mich gerne hinter komplizierten Begriffen und versuchte damit meine nicht vorhandene Sattelfestigkeit zu überdecken. Es ist wohl unnötig zu erwähnen, dass dies meist nicht sinnvoll war und oft sogar mit misstrauischen Blicken quittiert wurde.

Wenn komplexe Fachbegriffe zu oft oder nicht passend verwendet werden, wirken sie ablenkend. Der Zuhörer wird in diesem Falle nämlich seine Aufmerksamkeit dafür verwenden, die Begriffe zu verstehen, anstatt den gesagten Inhalt zu verarbeiten. Habe also keine Angst auf eine simple Sprache zurückzugreifen. Wenn du stattdessen authentisch bleibst und das gesagte mit voller Überzeugung selbst verstehst bzw. an jedes gesagte Wort glaubst, wirst du wesentlich glaubwürdiger bei deinem Publikum ankommen – das traue ich mich zu prognostizieren. Vermittle die Informationen aus diesem Grund so menschlich und authentisch wie möglich und versuche nicht auswendig Gelerntes aus dem Fachbuch wiederzugeben.

3. Versuche Zusammenhänge herzustellen!
Versuche außerdem die einzelnen Erklärungen sinnhaft miteinander zu verknüpfen und Zusammenhänge

herzustellen. Gelingt dir das gut, hast du eine Technik an der Hand, mit der du den Seminarteilnehmern das Wissen langfristig vermitteln wirst.

Ein Beispiel könnte lauten:

> „Die Struktur des Atoms besteht aus einem Kern, um den Elektronen kreisen."

Die Assoziation dazu könnte sein:

> „Denken Sie an das Sonnensystem. Die Sonne ist in der Mitte und die Planeten kreisen um die Sonne. Die Sonne ist der Kern der Atomstruktur, die Planeten sind die Elektronen und kreisen darum herum."

4. Narrative sind deine Freunde!
Auf den ersten Blick mag die Narration eine Art von Assoziation sein, doch sie unterschiedet sich von dieser sehr klar. Narrationen arbeiten mit der Einbildungskraft, der Sinneserfahrung und der Imagination der zuhörenden Personen. Unser Gehirn ist seit unserer Kindheit dazu erzogen worden durch Narrative, Mythen und Charaktere zu lernen.

Du kannst den Seminarteilnehmern beispielsweise eine persönliche Anekdote von dir erzählen und mit „Ich erinnere mich noch daran, als ich..." ein Narrativ ins Spiel bringen. Darüber hinaus kannst du dich an Volksmärchen, wahre Geschichten oder bekannte Filme halten und die entsprechenden Verknüpfungen herstellen.

5. Wiederholungen helfen dir, versprochen!

Neue Informationen festigen sich im Kurzzeitgedächtnis schneller, wenn sie eine gewisse Laufbahn im Gehirn durchlaufen. Von den Sinnesempfindungen werden die aufgenommenen Informationen verarbeitet und gelangen in das limbische System, das Zentrum des Gehirns. Der Impuls kommt dann wieder zurück an die Hirnrinde. Doch das ist nicht genug für den Langzeitlerneffekt. Um die Information im Langzeitgedächtnis zu verankern, muss dieser Kreislauf „Hirnrinde - limbisches System – Hirnrinde" mehrmals aktiviert werden. Das Lernen und Verlernen einer Fremdsprache ist ein gutes Beispiel dafür, wie erst durch Wiederholungen – oder die Abwesenheit davon – eine Sprache gespeichert oder eben gelöscht wird.

Eine gute Art Information zu wiederholen ist sie in unterschiedlichen Formen wiederzugegeben. Die Teilnehmer haben einen Erstkontakt mit einer Information, als Nächstes kannst du am Ende des kurzen Vortrags den Inhalt paraphrasiert wiederholen und die neuen Schlüsselbegriffe erwähnen. Das ist bereits die zweite Auseinandersetzung der Teilnehmer mit den neuen Inhalten.

Die dritte Auseinandersetzung kann dann nicht nur mit

einem Vortrag, sprich dem passiven Zuhören stattfinden, sondern durch eine aktive Beteiligung der Teilnehmer. Dafür kannst du ein bestimmtes Spiel oder eine Fragerunde vorbereiten, die eine Verknüpfung zu den neu erlernten Begriffen darstellt. Somit kann die neue Information gespeichert werden und die Teilnehmer lernen, welche praktischen Funktionen es mit sich bringt. Das Gehirn wird außerdem davon überzeugt, dass es sich lohnt, diese neuen Informationen auf längere Sicht abzuspeichern.

6. Konzentration ist King!
Die Konzentration des Menschen ist viel kürzer, als man auf den ersten Blick vermuten würde. Nach rund zehn Minuten schaltet das Gehirn ab und der Zuhörer ist im Normalfall nicht mehr bei der Sache. Danach verlangt es große Mühen wieder in die Materie hineinzufinden. Um diesen Übergang zu vereinfachen und den Lernprozess aktiv zu halten, versuche deinen Vortrag mit vielfältigen und stimulierenden Mitteln zu gestalten. Nach zehn Minuten kannst du beispielsweise die Monotonie mit einer Geschichte auflockern, die eine Assoziation zu den Inhalten schaffen soll. Zudem kannst du nach einer Weile das Medium wechseln.

Setze deine Zuhörer nicht einer einstündigen PowerPoint-Präsentation aus, sondern arbeite mit verschiedenen Medien, die nicht nur die visuelle Wahrnehmung, sondern auch das Gehör oder die Einbildungskraft stimulieren und für Abwechslung sorgen.

DEINE PERSÖNLICHKEIT

Kommen wir zu dem Teil des Trainer-Daseins, der die bis dato erlernten Aspekte wahrscheinlich noch übertrumpfen wird. Die Rede ist von deiner ganz individuellen Persönlichkeit, mit der du die Teilnehmer abholen und begeistern willst. Für diesen Zweck ist es von großer Bedeutung authentisch aufzutreten und weder ängstlich noch schüchtern zu wirken. Auch ist es wenig zielführend in eine „fremde Rolle" zu schlüpfen und dich wie ein Schauspieler auf einer (Trainer-)Bühne zu bewegen. Stattdessen ist einhundert Prozent Authentizität gefragt!

Das bringt auch mit sich, dass du die Teilnehmer so behandeln sollst wie du selbst gerne behandelt werden möchtest. Wenn du natürlich, unkompliziert und ehrlich auftrittst, gewinnst du nicht nur den Respekt der teilnehmenden Personen, sondern wirkst auch selbstbewusst und glaubwürdig – und deine gesagten Inhalte werden beim Zuhörer ankommen.

Ein Weg glaubwürdig aufzutreten ist es beispielsweise sich die wichtigen Inhalte des Trainings selbst zu verinnerlichen. Meist geht es nicht darum überdurchschnittlich Expertise in einem speziellen Feld vorzuweisen, sondern vielmehr das Gesagte mit Leidenschaft und Herzlichkeit zu vermitteln. Glaubst du fest an dein Gesagtes, wird der Inhalt automatisch attraktiver und somit leichter verständlich. Du machst damit quasi Werbung für das behandelte Thema und wirst es ganz von selbst voller Elan verkörpern.

Eine andere Weise Sympathien zu gewinnen ist, wenn sich die Teilnehmer verstanden und mitgenommen fühlen. Du bist im Moment des Trainings in dem Raum, um den Teilnehmern etwas Neues beizubringen und nicht um ihnen zu beweisen wie klug du bist. Diese Einsicht nimmt dir den Druck dich in dem Feld perfekt auskennen zu müssen und lässt dich das Seminar locker(er) angehen.

Zu diesem Zweck kannst du beispielsweise:

- Bemühungen anerkennen: „Vielen Dank für Ihre Mühe und Geduld" oder „Das ist ein kompliziertes System und Sie haben es so schnell verstanden. Gratulation!"

- Interesse bekunden: „Das klingt interessant. Erzählen Sie mehr davon."

- Ehrlich sein, wenn du auf eine Frage keine Antwort hast: „Das ist eine sehr gute Frage. Leider übertrifft es meinen momentanen Wissensstand. Ich werde mich schlau machen und Ihnen danach gerne berichten, was ich zur Beantwortung dieser Frage herausgefunden habe."

- Aufkommende Aufgaben als Vorschläge präsentieren und weniger als Befehl. Die Teilnehmer sollen den Eindruck erhalten, sie tun es aus ihrem eigenen

Interesse heraus, beispielsweise „Hier habe ich eine Übung für Sie vorbereitet" oder „Ich dachte, dass Sie diese Gruppenübung ganz lustig finden könnten" und keinesfalls „Jetzt finden Sie sich in kleinen Gruppen zusammen und folgen den Anweisungen!".

SOZIALE KOMPETENZEN

Sozialkompetenzen sind regulatorische Vorgänge, die zur effektiven, positiven und realitätsnahen Handhabung einer zwischenmenschlichen Situation dienen. Das heißt vereinfacht ausgedrückt, dass ein jedes Individuum dazu fähig ist die Körpersprache zu lesen, sich freundlich oder abweisend zu verhalten und mit Selbstbewusstsein alltägliche oder außerordentliche Situationen zu meistern.

Grundsätzlich lernen wir soziale Kompetenzen bereits in der Kindheit. Bis ins Erwachsenenalter haben sich diese Kompetenzen manifestiert und wir führen sie ohne unser aktives Bewusstsein durch. Als Trainer, Lehrer oder Coach hingegen ist es empfehlenswert sich soziale Kompetenzen zu vergegenwärtigen und sie aus der bereits automatisierten Ebene im Unterbewusstsein wieder zurück ins Bewusstsein zu rufen. Dies hat nicht nur für einen reibungslosen Arbeitsvorgang seine Vorteile, sondern unterstützt zusätzlich noch die Menschenkenntnisse des Trainers.

GEDULD UND EINFÜHLUNGSVERMÖGEN

Geduld kann durchaus im selben Atemzug mit sozialen Kompetenzen betrachtet werden. Geduld mit anderen Menschen heißt, dass du auf sie warten musst, bis sie an einem gewissen Punkt ankommen. Das kann manchmal frustrierend sein, denn aus der Ich-Perspektive wurde dieses angestrebte Ziel bereits erreicht und du möchtest gerne fortfahren. Geduld hingegen verlangt ebenso, dass du deine Ich-Perspektive aufgibst und stattdessen dem Anderen dabei hilfst die Materie zu verstehen. Als Trainer ist es dein Ziel, alle Teilnehmer mit Wissen zu bereichern. Lasse dich auf den Rhythmus der Teilnehmer ein und nimm dir die nötige Zeit, sodass alle Teilnehmer das Thema verstehen. Du möchtest keine Atmosphäre schaffen, in der sich einige Teilnehmer zurückgelassen fühlen – und genau deshalb ist der Geduldsaspekt im Rahmen der sozialen Kompetenzen ein wesentlicher Faktor.

Was du unbedingt vermeiden solltest, ist die Mitglieder mit einem „längeren Verständnisweg" herablassend zu behandeln oder sich gar über sie lustig zu machen. Belehrst du diese Teilnehmer, wie sie etwas angehen sollen, wirkt das distanzierend, arrogant und unterbricht garantiert den Lernprozess. Diese Erkenntnis lässt sich aus vielen wissenschaftlichen Studien herauslesen, in denen die persönliche Beziehung und die sozialen Kompetenzen der Vortragenden analysiert wurden. Die Ergebnisse gaben stets den Lehrenden, die möglichst ohne Druck und lautem Ton arbeiten, die erfolgsversprechendsten (Lern-)Aussichten.

5 TIPPS FÜR EIN ERFOLGREICHES TRAINERERLEBNIS

Zum Ende dieses Kapitels möchte ich dir noch meine fünf persönlichen, praxisnahen Tipps für ein erfolgreiches Trainererlebnis mit auf den Weg geben - auch wenn diese im Laufe des Buchs noch um einige weitere Tipps ergänzt werden, soviel darf ich dir versprechen.

1. Lampenfieber ist normal!
Den wenigsten von uns fällt es leicht vor einer Gruppe von Menschen zu sprechen. Meistens ist es eine große Herausforderung und wird oft erst mit dem notwendigen Adrenalinschub zu einer spaßigen Angelegenheit. Sobald du jedoch in die Rolle des Trainers oder der Trainerin schlüpfst, kann sich das unangenehme Gefühl der Aufregung in ein Gefühl von Euphorie verwandeln. Lass dich also nicht von der Aufregung unterkriegen und versuch auf der Adrenalinwelle zu surfen und den positiven Schwung aufzusaugen und ihn zu deinen Gunsten zu nutzen.

2. Üben, üben, üben!
Ein effektiver Weg das Lampenfieber zu kontrollieren ist sich mit kleinen vorbereitenden Aktivitäten abzulenken.

Versuche jedenfalls deinen Vortrag so früh wie möglich fertigzustellen, damit du genügend Zeit zum Üben hast. Auf diese Art reduzierst du bereits einen unnötigen Teil der Aufregung.

Schreibe deinen Vortrag leicht verständlich und logisch strukturiert auf einen Notizblock, damit du jederzeit auf die Strukturnotizen zurückgreifen kannst. Fasse dabei die Hauptideen in Stichpunkten zusammen, sodass du dich nach ihnen richten kannst. Übe deinen Vortrag mehrmals alleine und sobald du dich bereit fühlst, trage ihn einem kleinen Kreis an Zuhörern aus deinem Familien- oder Freundeskreis vor. Diese Übung hilft dir dich beim wahren Vortrag souverän zu fühlen, da du dich auf deine gesammelten Erfahrungen aus dem geübten Vortrag verlassen kannst.

3. Sei informiert!
Zeitschriften, Studien, Bücher – egal, für welche Quelle du dich entscheidest, versuch thematisch und methodisch stets auf dem neuesten Stand der Dinge zu sein. Auf diese Art verleihst du dir selbst die nötige Autorität und kannst beruhigt Fragen zu neuesten Trends entgegenblicken. Ein weiterer Vorteil davon ist, dass du vor den Seminarteilnehmern mit einem größeren Selbstbewusstsein auftreten wirst, wenn du auf dem Laufenden bist und dich thematisch informiert hast. Das nimmt dir teilweise auch das Lampenfieber und spielt dir diesbezüglich wieder in die "Authentizitätskarten".

4. Feedback ist eine Goldgrube!

Du wirst und kannst nicht perfekt sein, nicht beim ersten Mal und wahrscheinlich auch nicht nach einigen Trainerjahren. Diese Erkenntnis mag ernüchternd klingen, in Wirklichkeit hilft sie dir allerdings den angestrebten Perfektionismus zu unterbinden. Was du jedoch sehr wohl sein kannst, ist jederzeit offen für Verbesserungsvorschläge und wertvolle Inputs der Seminarteilnehmer. Durch Feedback kannst du dich weiterentwickeln und dein nächstes Seminar besser gestalten. Habe also keine Scheu Feedback von den Teilnehmern einzuholen. Oft sind wir nicht in der Lage unsere eigenen Fehler zu sehen. Das kann zum Problem werden, wenn wir nicht mehr einsehen können, was noch verbessert werden kann. Am Ende dieses Buches findest du ein Beispiel für ein Feedback-Formular, das dir genau in diesem Aspekt helfen kann und gerne an deine individuelle (Trainings-)Situation angepasst werden kann.

5. Nimm deine Vorträge auf Video auf!

Wann immer du die Möglichkeit hast, nimm deine Vorträge auf Video auf. Vergewissere dich natürlich, dass du dabei die Datenschutz- und Vertraulichkeitsregeln deines Unternehmens oder deines Auftraggebers nicht verletzt. Doch sobald dir hier freie Hand gelassen wird, nutze die Chance. Wenn du dich nach einem Vortrag auf Video beobachtest, werden dir selbst einige Aspekte auffallen und du kannst diese beim nächsten Vortrag verbessern. Ein Video ist ein nonverbales, ehrliches Feedback. Es hält dir quasi den Spiegel vor Augen, ohne es schriftlich von den Teilnehmern einfordern zu müssen. Du kannst dich dabei selbst beobachten, ob du zu viele Ticks hast, die den Zuhörer eventuell stören könnten, oder, ob du dich von kleinen Reizen und Geräuschen unnötig ablenken lässt. Mit dem Video siehst du nicht nur wie du auf die Außenwelt wirkst, sondern du kannst auch visualisieren wie du in Zukunft sein möchtest und auf Basis des betrachteten Videos ein „Vision Board" von dir selbst als erfolgreicher Trainer erstellen.

SHORT FACTS

In diesem Kapitel haben wir folgende Inhalte gelernt:

- Bei der Arbeit als Trainer, Coach oder Seminarleiter werden dich die Aspekte der Didaktik, Methodik, deine Persönlichkeit und deine sozialen Kompetenzen stets begleiten.

- Didaktik und Methodik sind das „Was und wie?" des Workshop-Inhalts und helfen dir dein Wissen nachhaltig zu kommunizieren.

- Deine Persönlichkeit hingegen bestimmt den Ton deines Gesagten und gewährleistet eine lernfreundliche Atmosphäre in denen die Teilnehmer sich wohlfühlen und idealerweise sehr wissbegierig sind.

- Deine sozialen Kompetenzen runden dein Kommunikationsbild als Trainer ab, indem du auf deine Teilnehmer eingehst und sie mit Sympathie und Respekt abholst.

- Der Weg zu solch einem respektvollen Auftritt stellt sich aus den Faktoren einer natürlichen Sprachwahl, dem notwendigen fachlichen Knowhow und der inneren, eigenen Überzeugung im Bezug auf die vermittelte Materie zusammen.

- Verstecke dich möglichst nicht hinter Fachbegriffen, sondern trete mit Verben, einfachen Worten und realitätsnahen Beispielen auf. Sei die Person, die du auch abseits der Trainerrolle im realen Leben bist - damit wirkst du authentisch und kannst dein Publikum nachhaltig überzeugen.

VORBEREITUNG IST DIE HALBE MIETE

Du wirst in diesem Kapitel lernen:

- Was dein Auftraggeber von dir erwartet und wie du seine Erwartungen greifbar machst!
- Wie du beim Erstgespräch die richtigen Fragen stellst, um mit dem Teamevent das richtige Ziel zu erreichen!
- Wie dir der Aufbau einer effektiven Struktur für den Workshop gelingen kann!
- Wie ein exemplarischer Ablaufplan aussieht und welche Elemente du daraus 1:1 für dein Event entnehmen kannst!
- Welche fünf Praxistipps dir bei der Planung des Teamevents helfen können!

PROBLEME, PRAXISBEZUG UND RESSOURCEN – DREI WICHTIGE BEREICHE

„Die Zukunft hat viele Namen: Für Schwache ist es das Unerreichbare, für die Furchtsamen das Unbekannte, für die Mutigen die Chance."

Victor Hugo

Die Vorbereitung des Seminars schafft dir die Möglichkeit dich bestmöglich zu organisieren, wichtige Punkte vorab festzulegen und mögliche Szenarien abzustecken. Dabei kann sich die Planung durchaus als komplexe Angelegenheit herausstellen - von der gründlichen Kommunikation mit dem Auftraggeber hin zu vielen kleinen Details beim Event gilt es eine breite Palette vorzubereiten.

Je nach Erfahrungsgrad eines Trainers nimmt die Planung deutlich mehr oder weniger Zeit in Anspruch. Unabhängig davon ist es jedoch unabdingbar sich dem Hauptziel des Seminars bewusst zu werden und als Trainer, Coach oder Lehrer möglichst die folgenden drei Ebenen abzustecken: Erstens gilt es das Problem beim (konkreten) Namen zu nennen, zweitens sollen (konkrete) Problemlösung identifizieren werden und drittens gilt es die beiden Aspekte in die Praxistauglichkeit zu führen und (konkrete) Lösungsansätze bereits in der Vorbereitungsphase zu erarbeiten.

PROBLEME BENENNEN UND ZIELE IDENTIFIZIEREN

Was so banal und logisch klingt, wie „das Problem beim Namen nennen", stellt sich in der Praxis oft als große Herausforderung heraus. Doch, mit dem Benennen des Problems und der daraus resultierenden Zieldefinition des Workshops kannst du eine klare und vor allem zufriedenstellende Kommunikation mit dem Auftraggeber sicherstellen. Der Grund, warum ausgerechnet du als Trainer, Coach oder Teamleiter beauftragt wurdest, soll in dieser Vorbereitungsphase beiden Parteien deutlich sein - nur damit gelingt es dir die mit dem Auftrag einhergehenden Erwartungen zu erfüllen. Dieser Hinweis gilt übrigens sowohl für interne wie auch für externe Seminaraufträge.

Nun mag das Problem auf den ersten Blick oft einfach erscheinen, doch in der Praxis entpuppt es sich oftmals als Trugschluss. Wenn es beispielsweise heißt „Mein Buchhaltungsteam arbeitet nicht wirklich gut zusammen" so wäre die nahestehende Lösung ein „Bitte bringen Sie mit einem Seminar ein stärkeres Teamgefühl in mein Buchhaltungsteam". Mit unter liegt das Problem des Teams jedoch nicht darin, dass der „Teamspirit" fehlt, sondern es liegt an den schlechten Kommunkationsmöglichkeiten des

Unternehmens. Vielleicht hat auch eine tragende Führungskraft nachweisliche Kommunikationsprobleme und ist sich darüber gar nicht bewusst. In diesem Falle wird die Lösung weniger ein Workshop mit ein paar Teambuilding-Spielen sein, als vielmehr ein gut ausgebildeter Mediator oder erfahrener Coach, der das Problem der vorhandenen Kommunikationsbarrieren eruiert und dem Team bzw. dem Management brauchbare Lösungswege aufzeigt.

Die spezifische Problembenennung kann dabei folgendermaßen aussehen: Der Auftraggeber möchte, dass das Buchhaltungsteam besser kooperiert. Nach einigen Fragen stellt sich heraus, dass das Team ein neues Mitglied hat. Seit seiner Anstellung gingen einige wesentliche Dinge schief und die Stimmung ist mit der Zeit merklich getrübt worden. In diesem Fall ist das einfache Ziel des Seminars, das neue Teammitglied erfolgreich in das bestehende Team zu integrieren und indirektes Teambuilding zu betreiben. Dieses konkrete Ziel ist spezifisch genug, um dir einen konkreten Ansatzpunkt zu liefern und dir beim Seminaraufbau zu helfen.

PRAXISTAUGLICHKEIT SCHAFFEN UND FÜR DIE ÜBERTRAGBARKEIT IN DEN BÜROALLTAG SORGEN

Wie im letzten Beispiel des neuen Mitglieds im Buchhaltungsteams, gilt es im Umgang mit neuen

Teammitgliedern auch stets die passende Spiel- und Kommunikationsvariante auszuwählen. Für diesen geschilderten Zweck wäre ein Workshop mit Teambuilding-Spielen beispielsweise sehr sinnvoll. Damit wird dem neuen Teammitglied eine Plattform geboten sich als vertrauenswürdige/r Kollege/in zu beweisen. Wähle aus diesem Grund möglichst Spiele und Aktivitäten aus, die dieses Ziel unterstützen. Dein Erfolg als Trainer ist erst erreicht, wenn die Teilnehmer die Erfahrungen im Workshop mit in ihren Büroalltag nehmen und auf das theoretisch gewonnene Wissen eine praxistaugliche Umsetzung folgt.

RESSOURCEN IDENTIFIZIEREN

Jeder Angestellte, jedes Team und jedes Unternehmen verfügt über bestimmte Human-Ressourcen. Damit sind Qualitäten der Mitarbeiter gemeint, welche einen Mehrwert innerhalb einer bestimmten Situation bieten, so ist ein Angestellter beispielsweise besonders kreativ, während ein anderer Angestellter besonders verlässlich ist. All diese Eigenschaften der Mitarbeiter sind positive Qualitäten und werden in der Fülle zu Ressourcen des Unternehmens, vorausgesetzt sie werden an der richtigen Stelle eingesetzt. Kreativität kann beispielsweise auch am falschen Ort eingesetzt werden. Das letzte, das eine Buchhaltungsabteilung im Normalfall möchte, ist kreative Personen in dieser Abteilung sitzen zu haben. In diesem Bereich sind eher Mitarbeiter mit einer Stärke im

Zusammenhang der Genauigkeit, Zahlenaffinität und Vorhersehbarkeit gefragt. Als Trainer kannst du den Teilnehmern verhelfen ihre jeweiligen Qualitäten zu erkennen und sie im Anschluss daran für sie und das jeweilige Unternehmen passend einzusetzen.

HERAUSFINDEN, WORUM ES GEHT

Mit Blick auf das Erstgespräch mit dem Auftraggeber sollen dir die vorhin geschilderten drei Aspekte „Probleme, Praxisbezug und Ressourcen" helfen den roten Faden nicht aus den Augen zu verlieren. Für das Erstgespräch möchte ich dir jedoch noch weitere Anhaltspunkte mit an die Hand geben, damit du dir in der Planung und Durchführung dieses ersten Kundenkontakts leichter tust.

Grundsätzlich gilt, dass der erste Kontakt meist via Email oder Telefonat stattfindet. In diesen Kommunikationskanälen empfehle ich dir jedoch möglichst nur organisatorische Punkte zu klären. Vermeide es an dieser Stelle noch bewusst inhaltliche Fragen zu stellen, denn nichts kann das persönliche Gespräch mit dem Auftraggeber ersetzen und du wirst nur in einem persönlichen Gespräch die wahren Ziele und Intuitionen des Seminarauftrags eruieren können – das traue ich mich ganz allgemein zu behaupten.

Kommt es nun in Folge des Email- oder Telefonverkehrs zu dem besagten ersten, persönlichen Gespräch, soll das Abklopfen der wahren Intuition des Auftrags dein großes Ziel sein. Doch, keine Angst, ich habe dir mehrere Fragen vorbereitet, mit denen du dir beim Gespräch mit dem Auftraggeber leichter tust, um den wahren Kern des Teamevents zu erforschen.

FRAGEN FÜR DEN EINSTIEG

Mögliche Fragen für den Start in das Gespräch sind:

- „Was kann ich für Sie tun?"
- „Was beschäftigt Sie?"
- „Wie kann ich Ihnen helfen?"

Hier tun sich bereits einige Gesprächsbereiche auf, die sich auch erstmals nur mit organisatorischen Faktoren vertiefen lassen:

- „Wann ist dieses Team entstanden?"
- „Ist das Team gut besetzt?"
- „Bestehen räumliche/technische Differenzen im Team?"
- „Ist das Team gerade in einer belastenden Phase?"

Dann sollten inhaltliche Fragen folgen, die vertiefend wirken und den Auftraggeber zum Reflektieren anleiten.

UMFORMULIERENDE FRAGESTELLUNGEN

Um dich zu vergewissern, dass du den Auftraggeber richtig verstanden und ihr beide dasselbe meint, kannst du seine Aussagen einfach kurz umformulieren. Das hilft dir das bereits gewonnene Wissen zu wiederholen und dem Auftraggeber hilft es sein soeben geschildertes Problem besser zu reflektieren.

- „Wenn ich das richtig verstanden habe, dann ..."
- „Sie beschäftigt also die Tatsache, dass ..."

ZIELORIENTIERTE FRAGEN

Diese Art der Fragestellung kann dir helfen, die Intentionen des Kunden besser zu verstehen. Es wird deutlich, was der Kunde konkret möchte. Es verdeutlicht auch, was du als Trainer für das Unternehmen tun kannst und es hält die Erwartungen an das Teamevent realistisch.

- „Angenommen wir haben dieses Problem beseitigt, wie stellen Sie sich einen gelungenen Büroalltag vor?"
- „Gehen wir doch die Sache rückwärts an. Stellen Sie sich vor, das Problem ist gelöst. Was ist davor passiert? Und davor? Was müsste der Reihe nach passieren, damit das Problem gelöst werden kann?"
- „Nehmen wir an, wir hätten dieses Problem nicht mehr. Wie würde die Atmosphäre im Büro sein? Wie würden Sie sich fühlen? Beschreiben Sie es mir bitte."

- „Woran würden Sie bei sich und beim Team merken, dass es dieses Problem nicht mehr gibt?"

ZIRKULÄRE FRAGESTELLUNGEN

Diese Art der Fragestellungen helfen dem Auftraggeber die Situation aus mehreren Perspektiven zu begutachten.

- „Würde ich Herr X über seine Sicht fragen, was würde er mir erzählen?"
- „Wie glauben Sie, wie sieht die Situation aus der Perspektive von Herr Y aus?"
- „Was wäre die Reaktion des Teams, wenn dieses oder jenes geschehen würde?"

GESAGTES NEU EINRAHMEN

Genau wie bei den Qualitäten der Einzelnen oder des Teams, kommt es vor, dass wir uns zu sehr auf die negativen Aspekte einer Situation konzentrieren. Wenn wir diese neu einrahmen, kann es uns helfen die positiven Auswirkungen einer negativen Situation zu erkennen.

- „Was wäre, wenn es dieses Problem nicht mehr geben würde?"
- „Was hat sich positiv verändert, seit dieses Problem aufgetreten ist?"

- „Gibt es Aspekte dieses Problems, die sie nicht beseitigen wollen? Welche wären diese und warum?"

ERGÄNZENDE FRAGESTELLUNGEN

Solltest du einmal keine passende Rückfrage parat halten, helfen dir vielleicht die folgenden ergänzenden Fragen weiter:

- „Das klingt interessant, erzählen Sie mir mehr."
- „Das ist eine interessante Beobachtung."
- „Was meinen Sie damit genau?"
- „Könnten Sie mir ein konkretes Beispiel geben?"

FRAGEN ZUM GESPRÄCHSABSCHLUSS

Diese Fragen führen zur Selbstreflexion des Kunden und vermitteln ihm das Signal ihn ernst zu nehmen.

- „Wie fühlen Sie sich am Ende unseres Gesprächs?"
- „Hat sich seit Gesprächsbeginn etwas geändert?"

FALLSPEZIFISCHE FRAGEN

Je nach Situation, Auftraggeber und Zielwünschen kannst du auch sehr spezifische Fragen anbringen, die dir tiefere Einblicke geben werden:

- „Hat das Team momentan Probleme mit der Motivation? Wenn ja, was glauben Sie könnte die Ursache sein?"
- „Arbeiten die Mitarbeiter gerne zusammen? Oder erleben Sie eher Widerstand und wenig Kooperationsbereitschaft?"
- „Glauben Sie, dass sich die Mitarbeiter gegenseitig vertrauen? Wenn ja, was füttert ihr gegenseitiges Vertrauen? Wenn nein, was glauben Sie könnte dahinterstecken?"
- „Haben Ihre Mitarbeiter Probleme beim Verstehen ihrer Aufgaben? Wenn ja, können Sie sich das erklären?"

DIE RICHTIGE STRUKTUR

Ist dir nun aufgrund des persönlichen Gesprächs mit dem Auftraggeber klar geworden, was die wirkliche Intuition des Teamevents ist, so kannst du dich nun an den nächsten Schritt der Workshop-Vorbereitung wagen: Ein Ablaufplan zu erstellen und die einzelnen Bausteine des Seminars stimmig miteinander abzustimmen!

1. Einführungsphase
Die Einführungsphase des Seminars ist stets die erste Phase und erfüllt den Zweck sich als Coach oder Trainer

persönlich vorzustellen und die Zielabsichten des Workshops herauszustreichen. An dieser Stelle werden auch gleich die Spielregeln angesprochen sowie der möglichst detaillierte Ablaufplan präsentiert. Erwachsene fühlen sich – ganz im Unterschied zu Kindern – wesentlich wohler, wenn sie den Ablauf der kommenden Stunden genau kennen. Deshalb ist es sehr hilfreich, ganz am Anfang des Seminars den Ablauf stichpunktmäßig zu präsentieren, die Ziele zu verdeutlichen (sprich, warum diese Punkte von Relevanz sind?) und angedachte Aktivitäten oder Spiele vorab anzukündigen.

Folgende Phrasen könnten dir dabei behilflich sein:

- „Heute möchte ich mit Ihnen folgende Punkte durchgehen..."
- „Wenn Sie verstehen, wie dieses Prinzip funktioniert, fällt es Ihnen viel leichter, dies und jenes durchzuführen. Das spart Ihnen eine Menge Zeit."
- „Zum Schluss habe ich einige Spiele vorbereitet und bin schon ganz gespannt darauf."

2. Aktionsphase
Nach der Einführungsphase folgt der Kern des Seminars: Die Aktionsphase. In dieser Phase soll das Problem gelöst werden, wofür du als Trainer oder Coach beauftragt wurdest. Nach dem ersten Teil, indem du in der Regel die Teilnehmer zusammenführst und sie einwenig „aufwärmst", werden in dieser Phase die bewusst

ausgewählten Spiele umgesetzt. Ziel der Aktionsphase ist es das vorab definierte Problem sinnbildlich aufzuzeigen und spielerisch – das heißt im sicheren Kommunikations- und Konfliktrahmen – Lösungen zu erarbeiten. Für die Lösungserarbeitung geht es im Anschluss an die Spiele in die Diskussionsphase, in der die Teilnehmer über die Schwierigkeiten und/oder Fortschritte des Spiels sprechen und ihre Erfahrungen mitteilen. Mit begleitenden Fragen und zielgerichteten Anregungen hilft der Trainer dabei die während des Spiels erlebten Gefühle zu analysieren, den anderen Teilnehmern aktiv zuzuhören und sich möglichst auch in die Perspektive der anderen Teilnehmer hineinzuversetzen.

3. Abschlussphase, Debriefing und Feedback

Das Debriefing ist stets der letzte Punkt eines Teamevents. In dieser abschließenden Phase fasst der Seminarleiter das gewonnene Wissen noch einmal kurz zusammen und verknüpft es mit den Erfahrungen des Spiels. Der Vortrag, die Spiele und die Übertragbarkeit in die Praxis sollten in diesem abschließenden Punkt möglichst schlüssig und für alle leicht verständlich verknüpft werden.

Die Spiele haben dabei zu jedem Zeitpunkt die Aufgabe neue (Team-)Erkenntnisse zu gewinnen und die Erfahrungen nachhaltig zu verinnerlichen. Bedenke jedoch, dass du die Teilnehmer nur dazu inspirieren kannst sich auf den Lösungsweg zu begeben. Wenn sie trotz deiner Bemühungen bis zum Ende keine Bestrebung zur

Problemlösung zeigen, sind auch dir (leider) die Hände gebunden. Doch daran wollen wir nun nicht denken, immerhin gibt es in jedem Teamevent unterschiedliche Möglichkeiten die Teilnehmer doch noch zusammenzuführen und mit einem neuen Spiel das „Eis zu brechen".

Mit Blick auf die Ablaufstruktur ist das Event jedoch nach dem Debriefing beendet, dennoch warten noch einige To-Dos auf dich. Zunächst möchtest du ein Feedback von den Teilnehmern einholen und bittest sie einen kurzen Feedbackbogen auszufüllen oder kommst nach dem Seminar noch mit einigen Teilnehmern in ein persönliches Gespräch. Außerdem gilt es die Zielsetzungen mit dem Auftraggeber zu analysieren und in einer weiteren Folge auch detailliert zu besprechen. Inwiefern wurden die gewünschten Ziele erreicht? Welche anderen Aspekte sind dir aufgefallen und sind im Rahmen des Workshops zu Tage getreten? Was sind die nächsten Schritte? Sei dabei ganz sorgfältig und beschuldige möglichst keinen Mitarbeiter für einen Mangel an Kooperation oder Widerstand. Bleibe möglichst distanziert und lasse dich nicht in unprofessionelle Diskussionen wickeln - so mein ganz persönlicher Tipp an dich.

BEISPIEL EINES ABLAUFPLANS

Nun wird es Zeit einmal auf einen konkreten Ablaufplan zu blicken und ein besseres Verständnis für die Seminarplanung zu erhalten. Aus diesem Grund habe ich zwei exemplarische Ablaufpläne für dich erstellt. Der erste Plan soll einen groben Ablauf eines halbtägigen Seminars zum Thema „Frühpädagogik" widerspiegeln. Das Seminar soll eher theoretisch gestaltet werden, allerdings können auch einzelne aktive Elemente wie beispielsweise ein Spiel zum Kennenlernen, eine kurze Gruppenarbeit oder der Austausch durch eine Diskussionsrunde eingebaut werden.

ABLAUFPLAN FÜR EIN KURZES, THEORIELASTIGES SEMINAR

Uhrzeit	Aktivitäten	Ziele	Material
10:00 - 10:20	**Setting:** - Licht und offenes Fenster absprechen - Meine Kompetenzen und Erfahrungen in der Frühpädagogik vorstellen - Teilnehmer über ihre Erwartungen zu diesem Seminar befragen	Kennenlernen Einführung in Struktur und Tagesablauf Eventuelle Anpassungen vornehmen	Schüssel mit Süßigkeiten Hand-Out

Uhrzeit	Aktivitäten	Ziele	Material
	- Inhalt des Seminars erläutern, Stundenplan, Pausen, Aktivitäten und Ziele - Erklären, welche Erwartungen getroffen werden können		
10:20 - 10:50	**Kennenlernspiel:** - „Wer bin ich? In Zeichnungen" - Spielablauf erklären / 10 Minuten - Fertigstellen der Zeichnungen / 20 Minuten - Jeder Teilnehmer präsentiert seine Zeichnung - Debriefing: das Potenzial der Bildsprache in der Selbstdarstellung	Auflockern Aufwärmen Repräsentation durch Bilder	1 DIN A3– Blatt pro Teilnehmer Bunt- & Filzstifte
10:50 - 12:00	**Theorieteil zur Frühpädagogik:** - Teilnehmer über Kern der Frühpädagogik	Begrifflichkeit der Frühpädagogik	Whiteboard, Whiteboard-Marker und Radierer

Uhrzeit	Aktivitäten	Ziele	Material
	fragen und ihre Meinungen einholen - Ideen der Teilnehmer in Stichpunkten zusammenfassen (Whiteboard) - Warum Frühpädagogik? Kurze Geschichte der Frühpädagogik (Begründer, historische Einrahmung, Ziele) - Teilnehmer in zwei Gruppen aufteilen: eine Gruppe überlegt sich die Vorteile von Theorie A, B und C, während die andere Gruppe über die Nachteile derselben Theorien nachdenkt - Diskussionsrunde für und gegen die Theorien, die Teilnehmer sollen ihre Erkenntnisse begründen	Soziales Lernen durch Gruppenarbeit Aktives Lernen und Zuhören durch Diskussionsrunde	Schmierblätter Stifte
12:00 - 12:45	**Mittagspause**		

ABLAUFPLAN FÜR EIN TEAMBUILDING-SEMINAR

Mit einem zweiten exemplarischen Ablaufplan konzentrieren wir uns nun auf einen Workshop zum Thema „Teambuilding". Dabei handelt es sich in diesem beispielhaften Seminar um eine Veranstaltung, die sich über mehrere Tage streckt und aus diesem Grund mit mehreren Vortragenden besetzt wird.

Uhrzeit	Aktivitäten	Ziele	Material
15:00 - 15:20	**Einführung:** - Wohlfühlambiente kurz besprechen (zu dunkel?, zu kalt?) - Mich vorstellen, meine Kompetenzen und Erfahrungen kurz ansprechen - Was ist mein Job und was wünsche ich mir zu erzielen (Mitglieder des Teams zusammenbringen, ihnen helfen, sich gegenseitig besser zu verstehen, ihnen helfen, Spaß an ihrem Beruf wieder zu entdecken, ihnen zeigen, dass sie durch lustige und herausfordernde Spiele ihr Berufsalltag angenehm und produktiv gestalten können, …)	Kennenlernen und Teilnehmer vertraut machen Einführung in die Struktur und den Tagesablauf Eventuelle Anpassungen vornehmen	Schüssel mit Süßigkeiten Hand-Outs

Uhrzeit	Aktivitäten	Ziele	Material
	- Stimmung eruieren („Sie sehen heute etwas müde aus, ich habe mitbekommen, Sie haben schon ein dichtes Seminar hinter sich. Wir gehen es nun langsam an. Wenn Sie eine Pause wünschen, dann melden Sie sich einfach bei mir und wir sehen, was wir tun können" oder „Ich sehe, Sie sind schon ganz gespannt. Das freut mich zu sehen.")		
15:20 - 15:50	**Ice-Breaker:** - Spiel „Zwei Wahrheiten, eine Lüge" und Ablauf erklären - Spiel läuft ca. 20 Minuten **Debriefing:** - Woran erkannten Sie, dass die Aussagen falsch oder wahr waren? Was glauben Sie, ist die Idee dieses Spieles? - Glauben Sie, dass in Ihrem Berufsalltag einige Vorurteile herrschen, die Ihre Zusammenarbeit negativ beeinflusst? Gibt es positive Vorurteile? Warum?	Auflockern Aktives Zuhören und kreatives Denken fördern	Karteikarten mit Fragen für das Spiel

Uhrzeit	Aktivitäten	Ziele	Material
15:50 - 16:20	**Geschichtenstunde zum Thema Kooperation:** - Eine wahre Geschichte erzählen, mit dem Beamer an die Wand projizieren oder in Handouts visuell veranschaulichen. Die Teilnehmer lesen, hören sich die Geschichte an oder verfolgen sie visuell über den Beamer. - Ein Beispiel einer solchen Geschichte über Kooperation könnte die Rettungsaktion namens „Operation Dynamo" sein, in dem im Zweiten Weltkrieg die Alliierten in der französischen Stadt Dunkirk in eine Sackgasse geraten und von der Wehrmacht umzingelt worden sind. Winston Churchill bittet daraufhin vergebens die Regierungen der alliierten Schiffe zur Rettung der Truppen zu senden. Schließlich macht Churchill auch einen Aufruf an die britische Bevölkerung: Jeder, der ein Boot besitzt, soll den Ärmelkanal überqueren und so viele Soldaten wie möglich zurück nach England holen. Als Nächstes geschieht dann "das Wunder": Die Britische und teils Niederländische Zivilbevölkerung	Stärkung des Teamgefühls Einsicht über die Wichtigkeit von Kooperationen und die Kraft des Einzelnen Weiteren Input von Teilnehmern sammeln	Beamer, Laptop, Filmdatei

Uhrzeit	Aktivitäten	Ziele	Material
	rettet auf ihren privaten Fischerbooten, kleinen Rettungsbooten, Küstenfrachtern oder Passagierschiffen über 336.000 alliierte Soldaten. **Debriefing zur Geschichte:** - Was soll uns diese Geschichte verdeutlichen? (Stichwort: Eigeninitiative, Zusammenarbeit, eine kleine Rolle in einer großen Aktion, jedes Boot zählt, ...) - Gibt es Situationen im Berufsalltag, in denen die Mühe jedes Einzelnen "überlebensnotwendig" ist?		
16:20 - 16:45	**Pause** (Kaffee, Snacks, frische Luft)	Erfrischungen	Kantine im 2. Stock
16:45 - 17:10	**Kooperationsspiel:** Spiel „Fünf Bälle, ein Team" - Erklären der Spielregeln (ca. 5 Minuten) - Spielablauf (ca. 15-20 Minuten)	Kooperation stärken Selbstwahrnehmung im Team fördern	Fünf weiche Bälle Stoppuhr Whiteboard

Uhrzeit	Aktivitäten	Ziele	Material
	Debriefing: - Was war wohl der Sinn dieses Spieles? - Hat sich unter Ihnen ein Team-Leader herausgestellt oder hat jeder von Ihnen mitgedacht? - Welche Gedanken könnten Sie von diesem Spiel mitnehmen? Wie würden Sie diese Ideen im Arbeitsalltag genau umsetzen?	Aktives Mitdenken fördern Übertragbarkeit auf den Alltag unterstützen	
17:10 - 18:00	**Abschließendes Spiel:** - Finales Spiel „Bastelzeit" - Erklärung Spielablauf (5 Minuten), Spielablauf (40 Minuten), Preisverleihung (5 Minuten)	Kooperations & Kreativität Talente der Teilnehmer einrahmen	Papier, Klebstoff, Bastelhölzer, Basteldraht, Scheren

Dir stehen beide Vorlagen für die Ablaufpläne unter www.luve-publishing.com zum kostenlosen Download zur Verfügung. Es würde mich freuen, wenn du dich dort auch in den Newsletter einschreibst, damit ich dir zukünftig weitere praktische Vorlagen oder neue Inspiration für Methoden, Spiele oder Übungen zukommen lassen kann. Ich versende auch nur selten einen Newsletter und „spamme" dich gewiss nicht zu. Solltest du beim

Herunterladen oder Auffinden der beiden Ablaufpläne Probleme haben, lass es mich einfach unter lorelei@luve-publishing.com kurz wissen. Ich sende sie die beiden Pläne auch gerne per E-Mail zu.

5 TIPPS FÜR EINE ERFOLGREICHE PLANUNG DES TEAMEVENTS

1. Achte auf das Zeitmanagement!
Mit einem guten Zeitmanagement kannst du die Kontrolle über das Event behalten oder auch ganz schnell verlieren. Alle Seminarteilnehmer wollen in der Regel pünktlich fertig werden und mögen es nicht, wenn die Zeit überzogen wird. In dem Moment, in dem du zu Beginn des Events den Ablauf vorstellst und ihnen einen Abschlusszeitpunkt nennst, richtet sich die Erwartungshaltung der Teilnehmer danach. Aus diesem Grund solltest du lieber einige Minuten früher zum Schluss kommen und die Erwartungshaltung der Teilnehmer positiv übertreffen.

2. Wähle bewusst kurze Aufgaben!
Sei achtsam gegenüber den Bedürfnissen und Prioritäten der Teilnehmer. Viele von ihnen haben ihre eigene Familie und finden es verständlicherweise irritierend, wenn man sie

nach 18 Uhr vom wohlverdienten Feierabend abhält. Wenn doch überzogen wird, nützt es den Lernerfolgen in den meisten Fällen nicht viel. Zu diesem Zeitpunkt ist die Motivation und Konzentration zur Aufnahme von neuem Wissen verschwunden und die Teilnehmer hängen nur noch am Minutenzeiger der Uhr.

Gut durchdachte, knackige Aufgaben hingegen schaffen einen langandauernden Effekt und sorgen dafür, dass die neu erworbenen Kenntnisse auch nachhaltig präsent bleiben. Deshalb liegt auch hier „in der Kürze oft die Würze".

3. Schreibe dir (ganz oldschool) einen Lehrplan!
Wichtig ist es sich während des Events einige Notizen zu machen, um etwaige Follow-Up-Aufgaben nicht zu vergessen. Genauso ist es vorab wertvoll einen „Lehrplan" zu verfassen, in dem der Ablauf und die genauen Ziele notiert werden.

Nach der Veranstaltung kannst du den Ablaufplan wieder hernehmen und überprüfen, ob die Punkte wie geplant erreicht wurden oder inwiefern du deine gesteckten Ziele verfehlt hast. Diese Vorgehensweise hilft dir einen Überblick über die Spiele und Techniken zu behalten. Außerdem kriegst du einen klaren Überblick, welche Punkte du beim nächsten Event noch verbessern kannst bzw. sogar verbessern solltest.

4. Setze Medien gezielt ein!

Der Grat zwischen einem eintönigen Vortrag und einem überfordernden Medienspektakel ist schmal. Um die Konzentration der Teilnehmer auf eine gesunde und produktive Art und Weise hochzuhalten, ist es wichtig deine Medienformate gezielt einzusetzen. Du erzielst den optimalen Effekt, indem du die Ziele deines Vortrages genau kennst und dich in die Lage der Teilnehmer hineinversetzt. Frage dich: „Wenn ich in einem Seminar sitzen würde, was würde mir beim Verstehen und Lernen der Materie am besten helfen?"

Es macht keinen Sinn den Beamer anzumachen, gleich danach eine PowerPoint-Präsentation durchzuklicken und gleichzeitig zu verlangen, dass die Teilnehmer den Hand-Out-Text im dunklen Raum mitverfolgen sollen. Medien sind dazu da, dich beim Lehren und Erklären zu unterstützen. Sie können den Inhalt nicht für dich ersetzen und müssen deshalb mit Bedacht gewählt werden. Doch, Medien sind ein wunderbares Mittel die verschiedenen Sinneswahrnehmungen zum Erlernen neuer Materien auszuspielen und neben dem Gesagten noch etwas Visuelles oder Akustisches präsentiert zu bekommen.

5. Fertige dir eine Checkliste an!

Einige Dinge kannst du bei der Eventplanung mit einer Checkliste überprüfen und kurz vor der Veranstaltung einen beruhigenden Haken hinter die einzelnen Punkte setzen. Selbstverständlich sind nicht alle im Folgenden angeführten

Punkte für jede Veranstaltung notwendig, doch ich bin mir sicher dir damit einen guten Anhaltspunkt für eine exemplarische Checkliste bieten zu können.

DEMOGRAPHIE DER TEILNEHMER:
- Alter, Beruf, Abteilung, Geschlecht
- Anzahl Teilnehmer

RÄUMLICHKEITEN:
- Konferenzraum, Speisesaal, Bühne
- Parkplätze, Raucherbereich, Außenbereich für Aktivitäten im Freien

TECHNIK:
- Beamer, Licht, Laptop, Musik

HILFSKRÄFTE, BEGLEITENDES PERSONAL:
- Empfang
- Protokollführer/in
- Catering-Personal
- Security zum Absperren des Gebäudes, falls du mit späten Uhrzeiten rechnest

MATERIALIEN:
- Papier, Buntstifte, Bastelzubehör, u.v.m.
- Handouts

WETTBEWERB:
- Preise
- Auswertungssystem

SHORT FACTS

In diesem Kapitel haben wir folgende Inhalte gelernt:

- Mit gezielten Fragen wird dir schon beim ersten Gespräch klar werden, welche Erwartungshaltungs dein Auftraggeber an den Workshop hat. Indem du die Probleme und Stärken des Teams vorab eruierst, wirst du dir in der Eventplanung leichter tun und die nötigen Materialien und passenden Spiele leichter zusammensetzen können. Nur mit gezielt gewählten Fragen wirst du auch das tatsächlich erwünschte Seminarziel erreichen.

- Egal, ob im Anschluss an die Planung ein Training, Coaching oder theorieorientierter Vortrag folgt, der Aufbau des Events ist bei allen Seminarveranstaltungen ähnlich: Auf die aufwärmende Einführungsphase folgt eine heiße Aktionsphase und ein Abschluss mit dem Ziel, das Erlernte sowie die Euphorie des Workshops mit in den Alltag zu nehmen. Punktuelle Spiele, ein vorab gewählter Ablaufplan und simple Checklisten helfen dir in der Vorbereitungsphase das „große Ganze" im Auge zu behalten und ein erfolgreiches Seminar vorzubereiten.

Vorbereitung ist die halbe Miete

ES KANN LOSGEHEN: DER SEMINARSTART

Du wirst in diesem Kapitel lernen:

- Auf welche Werte du bei der Auswahl an Teambuilding-Spielen achten solltest.
- Wie dir der Spielaufbau am besten gelingen wird.
- Mit welchen Spielmethoden dir der Einstieg in das Seminar am besten gelingen kann.
- Welche fünf Teamspiele als „Ice Breaker" besonders geeignet sind.

ICE-BREAKER

„Kooperationen scheitern meist nicht am mangelnden Willen zur Zusammenarbeit, sondern an der Unfähigkeit, eigene Schwächen zu erkennen und ergänzende, fremde Stärken zuzulassen."

Peter Sereinigg

Bevor wir mit den konkreten Spieltipps loslegen, möchte ich noch eine wichtige Angelegenheit loswerden. Mir scheint, dass viele Teambuilding-Spiele großen Spaß machen - und das ist auch gut so bzw. sogar ein bedeutsamer Eckpfeiler von erfolgreichen Teamspielen. Doch oft passiert es in der Praxis, dass Spiele kein spezifisches Ziel verfolgen und damit ins Leere zielen. Im Prinzip ist das auch gar nicht gleich verwerflich, auch im Unternehmen soll ab und zu eine spaßige Zeit erlaubt sein. Doch zum Stärken des Teamgefühls verlangt es mehr als nur ein wenig gemeinsam erlebte Unterhaltung. Wertvolle Spiele für den Teamgeist sollen einen Mehrwert liefern, die das Team zusammenschweißt und weit über das Seminar hinaus an einem Strang ziehen lässt. Einige Best-Practice-Beispiele stelle ich dir nun gerne im Detail vor und freue mich dir eine breite Palette an unterhaltsamen, erfolgsversprechenden und vielfältig einsetzbaren Spielen präsentieren zu dürfen.

DER IDEALE SPIELAUFBAU

Die folgenden Spiele sind sorgfältig ausgewählt worden, um eine möglichst große Vielfalt an Szenarien abzudecken. Die Palette reicht dabei von Spielen für ein neu eingefundenes Team, das sich kaum kennt, hin zu Festangestellten, die seit Jahren zusammenarbeiten und sich sehr gut kennen. Auch die Spielregeln sind nicht in Stein gemeißelt, sondern können vom Spielleiter je nach Situation adaptiert werden.

Jedes Spiel bringt ein Grundrezept mit sich, das sich in vielen Varianten spielen und stets an die jeweilige Situation anpassen lässt. Mein Tipp lautet deshalb: Lasse deiner Kreativität ruhig freien Lauf und passe die Spiele den Gegebenheiten deines Seminars ganz nach deinem Geschmack an!

Bei der Auswahl deiner Spiele bedenke auch möglichst immer den Zweck des Workshops. Welchen Mehrwert möchtest du den Teilnehmern mitgeben? Mit welchen Problemstellungen wurdest du beauftragt? Braucht das Team mehr Autonomie und Verantwortung oder ist es ein neues Team, das sich näher und besser kennenlernen soll?

Mit Antworten auf diese Frage wirst du dir bei der Auswahl des richtigen Spiels leichter tun, doch nun lass uns eintauchen in die heiße Welt der Teamspiele.

WAS GILT ES ZU BEGINN ZU BEACHTEN?

Der Beginn einer Veranstaltung ist mit Abstand der wichtigste Moment jedes Events – und zwar sowohl für die Teilnehmer als auch für den Trainer. An dieser Stelle hast du die einmalige Chance, dein Publikum für dich zu begeistern, die Spielregeln der Veranstaltung zu erklären und damit den Erfolg oder Misserfolg des gesamten Workshops maßgeblich zu steuern. Das klingt nach sehr viel Verantwortung, die du innerhalb weniger Minuten tragen musst, doch mit einigen Tipps wird dir das gewiss gelingen.

DIE MASLOWSCHE BEDÜRFNISPYRAMIDE BEI SEMINAREN

Dieser Punkt mag banal und für dich selbstverständlich klingen, doch gerade deshalb wird er oft ignoriert bzw. übersehen. Wenn du dich an die Maslowsche Bedürfnispyramide erinnerst, stehen im untersten Teil der Pyramide die physiologische Bedürfnisse wie Trinken, Nahrung, Atem oder Schlaf. Darauf aufbauend folgen die Bedürfnisse nach körperlicher Sicherheit. Darüber stehen die sozialen Bedürfnisse wie Integration, Kommunikation, Familie oder Beziehungen. Als Nächstes folgen die individuellen Bedürfnisse wie Anerkennung oder Wertschätzung. Und an der Spitze der Pyramide stehen die kulturellen Bedürfnisse wie Selbstverwirklichung.

Denke nun von Beginn weg an jede Stufe dieser Hierarchie und versetze dich dazu in die Teilnehmer hinein. Laut der Pyramide müssen die Grundbedürfnisse erst erfüllt werden, damit sich das Individuum auf höhere Bedürfnisse (sozial, individuell, kulturell) einlassen kann. Für das Seminar bringt dies die folgenden Aspekte mit sich:

- Noch bevor die Veranstaltung startet, stelle eine Schüssel mit Bonbons oder Süßigkeiten im Eingangsbereich auf. Damit zauberst du den Teilnehmern gleich beim Betreten des Raums ein Lächeln ins Gesicht und sie fühlen sich gut empfangen.

- Vergewissere dich außerdem, dass sich die Teilnehmer in den Räumlichkeiten wohlfühlen. Frage, ob es in Ordnung geht, wenn du die Fenster geöffnet hast. Dieses Interesse deinerseits vermittelt ihnen die Botschaft, dass dir das Wohlbefinden der Teilnehmer wichtig ist.

- Erwachsene brauchen eine Perspektive in Bezug auf die nahe Zukunft, um sich beruhigt auf eine gewisse Aktivität einlassen zu können. Deshalb ist es zu Beginn notwendig ihnen zu erklären, was sie in den kommenden Stunden erwarten wird (Ablaufplan).

- Als Nächstes kümmerst du dich um die soziale Harmonie der Gruppe. Wenn sich die Teilnehmer untereinander nicht gut kennen, stelle die Mitglieder gegenseitig vor oder starte den Workshop mit einem Kennenlernspiel.

WICHTIGE FAKTOREN VOR DEM SPIELSTART

Der Beginn des Workshops ist der optimale Zeitpunkt, um Fragen und Anmerkungen von den Teilnehmern einzufordern.

Du könntest sie fragen:

- „Wie geht es Ihnen heute? Sind sie gut ausgeruht?"
- „Welche Erwartungen haben Sie von dieser Veranstaltung? Ich werde versuchen, ihre Erwartungen so gut es mir gelingt zu erfüllen."
- „Gibt es irgendwelche Spiele oder Aktivitäten, die Sie unbedingt (oder gar nicht) in diesem Workshop möchten?"

Diese Fragen geben den Teilnehmern die Möglichkeit sich einzubringen und den Workshop gewissermaßen mitzugestalten. Außerdem geben ihnen solche Fragen eine Art Wertschätzung. Es mag vielleicht so aussehen, als würdest du die Kontrolle abgeben, doch auf lange Sicht sind es genau diese Faktoren, dir dir die langfristige Kontrolle über das Geschehen garantieren. Du bekommst mehr Respekt, gewinnst die Sympathie der Teilnehmer und stehst damit nicht vor gähnenden Teilnehmern, die alle fünf Minuten auf die Uhr schauen.

SPIEL: WER BIN ICH?

Dieses Spiel ist sowohl für neue Teams, in denen sich die Teilnehmer noch nicht gut kennen, als auch für Teams mit einer längeren, gemeinsamen Historie ideal zum Aufwärmen. Außerdem ist das Spiel für Veranstaltungen mit bis zu 20 Teilnehmern geeignet.

Ziel:
Das Spiel fördert die Kreativität und liefert eine gute Alternative, sich auf einem außergewöhnlichen Weg vorzustellen.

Dauer:
Ab 30 Minuten (5 Minuten für das Erklären, 15 Minuten für die Vorbereitung und jeweils 1-2 Minuten pro Teilnehmer für die individuelle Vorstellung)

Materialien:
DIN A4- oder A3-Blätter (ein Blatt pro Teilnehmer) Buntstifte, Filzstifte

Ablauf:
Jeder Teilnehmer zeichnet etwas über sich. Die Zeichnung soll zum Schluss allen anderen Teilnehmern präsentiert werden. Eventuell kannst du den Teilnehmern einige Ideen vorschlagen. „Zeichnen Sie, woher sie kommen, was Ihr Hobby ist oder was Sie einzigartig macht." Andernfalls, wenn die Teilnehmer kein Problem mit der allgemein

formulierten Aufgabe haben, soll die Gestaltung ihnen selbst überlassen werden und sie dürfen frei nach ihren Ideen zeichnen. Es gilt jedoch die Grundregel, dass keine Wörter, sondern nur Zeichen und Motive auf das Blatt kommen dürfen. Im Anschluss an die „Zeichenstunde" präsentiert jeder sein Meisterwerk für ein bis zwei Minuten.

SPIEL: ZWEI WAHRHEITEN, EINE LÜGE

Dieses Kennenlernspiel eignet sich sowohl für Gruppen, die sich erst kennenlernen, als auch für Teams, die schon länger miteinander arbeiten.

Ziel:
Das Ziel des Spiels ist es das aktive Zuhören zu fördern, indem Teilnehmer erst zuhören und anschließen eine falsche Aussage entdecken müssen. Dieses Spiel fördert zudem die Menschenkenntnisse eines jeden Einzelnen und ist aus diesem Grund ebenso ein wertvolles Tool.

Teamgröße:
Dieses Spiel eignet sich für kleine bis mittelgroße Teams von bis zu 20 Teilnehmern.

Dauer:
Ab 15 Minuten

(Fünf Minuten für die Erklärung und jeweils 1 Minute pro Teilnehmer)

Ablauf:
Jeder Teilnehmer soll zwei Fakten und eine Lüge über sich erzählen. Dabei soll den anderen Teilnehmern die Arbeit erschwert werden, indem möglichst realistische Angaben gemacht werden. Eine Aussage wie „Ich kann fliegen" ist offensichtlich eine Lüge, wo hingegen ein „Ich bin Fliegenfischer" oder „Mein größter Traum ist es mit dem Segelschiff um die Welt zu gondeln" eher realitätsnah klingt.

Debriefing:
Mögliche Fragen nach dem Spiel wären:

- Wie sind Sie auf die Antwort gekommen? Was genau hat den anderen verraten?
- Was halten Sie generell von Vorurteilen?
- Gibt es nach Ihrer Einschätzung Situationen im Berufsalltag in denen Vorurteile Ihre Arbeit negativ beeinflussen?

SPIEL: DAS PUZZLE

Da ein Puzzlespiel eine ruhige und reflexive Aktivität ist, eignet es sich gut als Kennenlernspiel. Das Ziel ist es die Teilnehmer miteinander „warm" zu machen, indem sie zusammensitzen und eine entspannende Aufgabe gemeinsam lösen.

Dieses Spiel eignet sich gut für längere Seminare und Workshops mit Teilnehmern, die sich noch nicht oder zumindest nicht gut kennen.

Dauer:
15-45 Minuten, je nach Schwierigkeitsgrad des Puzzles

Materialien:
1 Puzzlespiel von gleichem Schwierigkeitsgrad pro Gruppe, eine Gruppe besteht aus drei bis sechs Teilnehmern.

Ablauf:
Die Teilnehmer werden in Gruppen aufgeteilt und bekommen jeweils ein Puzzlespiel. Du kannst für mehr Spannung im Spiel sorgen, indem du dir zusätzliche Regeln wie überlegst:

- Jedes Mitglied einer Puzzle-Gruppe bekommt eine bestimmte Anzahl an Puzzle-Stücke. Das verhindert eine Situation, in welcher sich einige Teilnehmer zurückziehen und nicht mitmachen. Dafür kannst du die Puzzleteile im Voraus in Tütchen oder Umschlägen sortieren und diese später an die Teilnehmer verteilen.

- Die Gruppe darf untereinander Teile austauschen, allerdings darf kein Geben oder Nehmen ohne ein Tausch stattfinden.

- Das Team, das sein Puzzlespiel als erstes fertigstellt, gewinnt einen kleinen Preis.

SPIEL: DAS OFFENE BUCH

Ziel des Spieles ist es, die Teilnehmer zu einem Smalltalk zu ermutigen, der idealerweise für mehrere Tage oder zumindest während den Seminarpausen aufrecht erhalten bleibt. Dieses Spiel fördert die Kommunikation und die Selbstwahrnehmung in der Gruppe.

Das Spiel ist geeignet für Teilnehmer, die sich nicht oder nur wenig kennen.

Dauer:
15-30 Minuten

Materialien:
1 DIN A4-Papier pro Teilnehmer, Marker, Stifte, Papier-Klebeband

Ablauf:
Jeder Teilnehmer soll Stichpunkte über sich auf ein Blatt Papier notieren. Die Notizen sollen einfach gemischt oder als Liste auf das Blatt niedergeschrieben werden, wichtig ist lediglich die gute Lesbarkeit auf dem Papier. Die Stichpunkte können folgende Themen beinhalten: Name,

Hobbys, Lieblingsurlaubsziel, Lieblingsbuch oder Lieblingsband. Jeder Teilnehmer klebt sich sein Blatt auf die Brust und wandert damit durch den Raum, auf der Suche nach einem Gesprächspartner. Dadurch, dass man Dinge aufschreiben soll, die einem gefallen, fällt es einem viel leichter ins Gespräch zu kommen und auf Gleichgesinnte zu stoßen.

SPIEL: WAS WÄRE, WENN?

Das Spiel stärkt das aktive Zuhören und hilft beim besseren Kennenlernen von Kollegen. Es eignet sich sowohl für neue Teams als auch für Teilnehmer, die sich länger kennen.

Die ideale Teamgröße liegt bei bis zu 20 Personen. Wenn es mehr Teilnehmer sind, können sie in kleine Unterteams aufgeteilt werden.

Dauer:
10-20 Minuten

Ablauf:
Die Teilnehmer sitzen im Kreis. Jeder Teilnehmer bekommt eine Karteikarte mit einer Frage, wobei die Schriftseite nach unten zeigt. Der Reihe nach deckt jeder seine Karte auf, liest die Frage laut vor und beantwortet sie vor allen Teilnehmern.

Beispiele für „Was wäre, wenn?"-Fragen sind:

- Wenn du eine Million Euro hättest, was würdest du mit dem Geld tun?
- Wenn du eine historische Person aus der Vergangenheit treffen könntest, wer wäre das?
- Wenn du jetzt Urlaub machen könntest, was wäre dein Reiseziel?
- Was ist die schönste Erinnerung aus deiner Kindheit?
- Was gefällt dir am besten an deinem Job?
- Wie stellst du dir deine Zukunft vor?
- Fallschirmspringen oder ein Museumsticket – was würdest du nehmen?
- Was wäre das perfekte Weihnachtsgeschenk für dich?

Es kann losgehen: Der Seminarstart

DAS HERZ DES TEAMBUILDING: DIE TEAMSPIELE

Du wirst in diesem Kapitel lernen:

- Welche Faktoren du beim Vermitteln der Theorie beachten solltest.
- Wie du die Motivation der Seminarteilnehmer hoch hältst.
- Mit welchen Gegenmitteln du bei Widerstand agieren kannst.
- Welche fünf Teamspiele ich dir zum Teambuilding empfehle.

VOM ENGAGEMENT UND MÖGLICHEN WIDERSTÄNDEN

„Schlechtes Teamwork ist, wenn aus einer To-Do-Liste eine Tu-Du-Liste wird."

Stefan Orac

Nach der im vorigen Kapitel ausgiebig bearbeiteten „Einführungsphase" in das Teamevent kommen wir nun in diesem Kapitel in die heiße Phase des Teambuilding. Wir betrachten uns nicht nur den Motivationsaspekt beim Seminar, sondern erforschen auch Maßnahmen - sollte Widerstand innerhalb der Teilnehmer auftauchen und das Engagement zu wünschen übrig lassen. Die ausgewählten Teamspiele ergänzen zudem das Teambuildingevent und stärken allesamt den Sinn von Zusammenarbeit und Zusammenhalt auf spielerische Art und Weise. Schließlich ist jeder Angestellte für die Firma von Bedeutung und hat mehr Einfluss auf das Team und das Unternehmen, als er selbst (wahrscheinlich) denken mag. Dieses Gefühl von Verantwortung, Wertschätzung und Verbundenheit soll in dieser wichtigen und aus diesem Grund auch heißen Phase des Teambuilding erarbeitet und nachhaltig gestärkt werden.

ENGAGEMENT AUF HOCHTOUREN HALTEN – WIE DAS KLAPPEN KANN

Um die Aufmerksamkeit der Teilnehmer hoch zu halten, ist es immer gut für Abwechslung zu sorgen. Gerade wenn du eine recht trockene Materie präsentieren musst, ist es besonders wichtig, sie nicht zusätzlich noch langatmiger zu gestalten. In diesem Zusammenhang spielt die bereits erwähnte Methodik eine bedeutsame Rolle. Die Lernmethodik umfasst dabei idealerweise stets mehrere Techniken, die das Erlernen des Stoffes auf mehreren Ebenen ermöglichen. Auf diese Art soll das vermittelte Wissen nicht nur durch einen passiven Vortrag vermittelt, sondern durch eine aktive Teilnahme aufgelockert werden.

Ein Beispiel dafür könnte folgendermaßen ausschauen: Zunächst beginnst du mit dem Vortrag des Stoffes und vermittelst mehr oder weniger frontal deine Inhalte, die Teilnehmer hören dir zu und folgen deinem Input. Auflockernd könntest du an dieser Stelle nicht nur eine PowerPoint-Präsentationen verwenden, sondern passende Grafiken, Geschichten, Bilder oder sogar Musik einsetzen, um die Inhalte bunter zu gestalten.

Im Anschluss an den Frontalvortrag wäre es nun eine Idee eine soziale Interaktion einzubauen. Dies könnte eine individuelle Fragestellung sein, die entweder jeder Teilnehmer selbständig oder in einer Zweiergruppe lösen muss oder die Aufgabe wird von einer Gruppe gemeinsam gelöst.

MIT WIDERSTAND RECHNEN

Ein guter Trainer oder Coach lässt sich nicht von externen Widerständen aus der Bahn werfen, allerdings ist das oft leichter gesagt wie getan. Aus diesem Grund ist es klug, wenn du bereits im Vorfeld mit Situationen rechnest, in denen beispielsweise einige Teilnehmer nicht mitmachen wollen und für Unruhe sorgen. Die Teilnehmer können aus ganz unterschiedlichen Gründen ihre Skepsis zeigen. Vielleicht haben sie in der Vergangenheit schlechte Erfahrung mit Gruppenspielen gemacht, oder haben an diesem Seminartag einfach nur einen schlechten Tag. Für dich als Trainer gilt es diesen Widerstand frühzeitig zu bemerken und ihn aktiv anzusprechen. Bestimme gemeinsam mit dem ablehnenden Teilnehmer(n) wie eine Lösung ausschauen könnte und werde vor allem nicht zu fordernd im Umgang mit dem Widerstand.

Im Anschluss an die Wissensvermittlung folgt in den meisten Fällen ein auflockerndes und verbindendes Teamspiel – das Herzstück des Teambuildings. Damit du aus einer Fülle an möglichen Spielvarianten aussuchen kannst, habe ich für dich fünf Spiele vorbereitet, die je nach Seminarziel ausgewählt werden können und gerne von dir und deiner Kreativität noch individuell ergänzt, abgeändert oder verfeinert werden dürfen.

SPIEL: DIE KOMMUNIKATIONSLINIE

Gelungen oder misslungene Kommunikation ist wohl der größte Zündstoff von Teamarbeit. Dies mag sowohl im positiven wie im negativen Sinne gelten. Immerhin beruht ein guter Teamspirit immer auch auf gelungener Kommunikation, und im Gegensatz dazu gründet fehlender Teamgeist nicht ungern auf einer misslungenen Teamkommunikation. Um diesen Aspekt spielerisch zu analysieren, eignet sich das Spiel „Die Kommunikationslinie" besonders gut. Es ist ein anschaulicher, leicht verständlicher und simpler Ansatz die Kommunikation des Teams plakativ abzubilden und daraus Verbesserungsoptionen für die Zukunft abzuleiten.

Ziel:

Dieses Spiel wird die Teilnehmer auf ihre aktuelle Kommunikationslinie aufmerksam machen und sie im Umgang mit präzisen Anweisungen schulen.

Dauer:

15-30 Minuten (5 Minuten für die Erklärung, etwa 5-15 Minuten Durchführung, 5-10 Minuten Debriefing/Diskussionsrunde)

Ablauf:

Die Teilnehmer werden in zwei Gruppen aufgeteilt. Die eine Gruppe bildet eine Schlange, die andere Gruppe bleibt sitzen, sodass sie alle Teilnehmer in der Schlange sehen können.

Alle Teilnehmer in der Schlange blicken nach vorne. Ein Teilnehmer darf sich erst dann nach hinten drehen, wenn der Teilnehmer dahinter auf die Schulter stupst. Der Teilnehmer am Ende der Schlange soll dem Teilnehmer vor ihm eine Geste vormachen, am besten ein wenig kompliziert und aus zwei oder drei Bewegungen bestehend.

Beispiel:
Teilnehmer 1 zeigt Teilnehmer 2 eine Geste vor. Er darf es allerdings nur einmal vorzeigen. Nachdem Teilnehmer 2 dem Teilnehmer 3 auf die Schulter stupst, darf sich dieser nun nach hinten drehen und Teilnehmer 2 macht ihm die von Teilnehmer 1 gezeigten Gesten vor. Teilnehmer 4 darf sich nun umdrehen und die Geste von Teilnehmer 3 kopieren.

Es wird bald klar, dass sich die von Teilnehmer 1 vorgezeigten Gesten ändern und in einem ganz anderen Ergebnis enden werden. Sowohl die stehenden als auch die sitzenden Teilnehmer werden sich an diesem Schauspiel amüsieren. Auf diese Art wird in humorvoller Art und Weise aufgezeigt, wie (Kommunikations-)Probleme sich verselbständigen und sich in der Gruppe entwickeln können - ohne die Situation herablassend zu beurteilen.

Durch Lachen und Spaß sind die Teilnehmer im Anschluss bereit in der Debriefing-Phase das Problem zu besprechen, zu reflektieren und selbstkritisch zu beurteilen.

Debriefing:
Dieses Spiel ist nicht nur für das stehende Schlangen-Team interessant, sondern auch für die sitzenden Zuschauer. Sie beobachten, wie sich die Gesten von einem Teilnehmer zum anderen leicht verändern, sodass sie den ursprünglichen Gesten kaum mehr ähneln. Aus dieser Erkenntnis lassen sich in der Diskussionsrunde mit den Teilnehmern folgende Fragen ableiten:

- Was ging Ihnen durch den Sinn, als Sie die (Kommunikations-)Kette beobachteten?
- Wie wichtig finden Sie das Respektieren von klaren Anweisungen?
- Glauben Sie, dass eine einfache Anweisung besser zu befolgen ist als mehrere Anweisungen auf einmal?
- Welche Kommunikationswege funktionieren in Ihrer Firma sehr gut?
- Welche Kommunikationsmittel sollten Ihrer Meinung nach optimiert werden?
- Was könnten Sie auf der Stelle tun, um Probleme bei der Vermittlung von Informationen zu vermeiden?
- Welches persönliche Engagement würden Sie für eine bessere Kommunikation einbringen?

SPIEL: FÜNF BÄLLE, EIN TEAM

Dieses Spiel eignet sich speziell für kleinere Veranstaltungen. Es hilft das Teamgefühl aufzubauen und fördert die aktive Mitwirkung bei der Lösungsfindung. Und, weil es so schön simpel ist, kann es auch jederzeit zwischendurch gespielt werden und lockert die Seminarzeit gleichermaßen auf wie es den Teamzusammenhalt stärkt.

Dauer:
15-20 Minuten

Materialien:
3-5 weiche Bälle, Stoppuhr

Ablauf:
Alle Teilnehmer stehen etwa gleich weit voneinander entfernt im Raum. Der Trainer gibt nun einem Teilnehmer einen Ball. Dieser soll nun den Ball einem Kollegen zuwerfen, welcher wiederum einem anderen Kollegen den Ball übergibt. Jeder Teilnehmer wirft den Ball nur einmal und merkt sich den Kollegen, von dem er den Ball bekommen und zu dem er den Ball anschließend geworfen hat. Zum Schluss soll der Ball damit wieder zu dem Teilnehmer gelangen, der ihn als erstes in den Händen gehalten und das Spiel gestartet hat.

In einem nächsten Schritt üben die Teilnehmer nun diese Reihenfolge und wiederholen das Zuwerfen des Balles ein bis zwei Runden lang. Sobald die Reihenfolge sitzt, fordert der Trainer die Teilnehmer auf, die Sequenz schneller durchzuführen. Mit einer Stoppuhr sollen nun die Ergebnisse gemessen und von Runde zu Runde verbessert werden.

Anfangs werden die Teilnehmer vielleicht etwas chaotisch und unstrukturiert vorgehen, und sich die Bälle mitunter zu wuchtig zuwerfen oder das Ziel beim ersten Wurf noch verfehlen. Für diesen Zweck kann der Trainer den Spielern einige Vorschläge unterbreiten und ihnen damit helfen. Beispielsweise könnten sich die Spieler im Raum näher zueinander positionieren, um damit den Ball besser zielen zu können. Zum Schluss dieses Prozesses werden alle Teilnehmer relativ nahe beieinander stehen und ihren persönlichen Platz in dieser „Ball-Reihenfolge" gefunden haben.

Als nächstes kann der Trainer einen zweiten, dritten oder sogar einen vierten oder fünften Ball in die Ballrunde einbringen. Um das zu ermöglichen, kann der Trainer entweder gleich am Anfang des Spiels darauf hinweisen, dass die Teilnehmer zum Schluss fünf Bälle meistern sollen, sodass sich die Teilnehmer darauf einstellen können, oder der Trainer verkompliziert das Spiel schrittweise – ganz ohne Vorwarnung.

Debriefing:
Die Teilnehmer sitzen nun auf ihren Plätzen und erholen sich vom Spiel. Der Trainer erkennt den guten Fortschritt

des Teams mit einem kurzen Lob an und beginnt mit Fragen und Anregungen in Bezug auf das Spiel.

Mögliche Fragen könnten lauten:

- Wie fanden Sie die Übung?
- Welchen Teil fanden Sie am schwierigsten?
- War Ihnen bereits vor dem Spiel bewusst, dass Sie so gut kooperieren können?

SPIEL: DAS TEAM-WAPPEN

Dieses kurze jedoch sehr lehrreiche Spiel soll die Teilnehmer ermutigen ihr Teamgefühl zu schärfen, kreativ zu sein und sich über ihre wichtige Stelle als Angestellter innerhalb eines Teams bewusst zu werden. Das Spiel ist besonders für Abteilungsteams wie beispielsweise das Buchhaltungsteam, das HR-Team oder das Verkaufsteam ideal geeignet.

Dauer:
15-20 Minuten

Ablauf:
Jedes Team bekommt einen DIN-A3 oder DIN-A2 kartoniertes Papier, einen Marker und einige Stifte in verschiedenen Farben. Die Aufgabe besteht nun darin, die

Stärken des Teams mit einem Wappen zu symbolisieren. Erwähne vielleicht, dass es nicht darum geht, sich für triviale Dinge zu beglückwünschen wie „wir haben die hübschesten Kolleginnen in unserer Abteilung", sondern an Stärken zu denken, die eine direkte oder indirekte Auswirkung auf den guten Verlauf des Unternehmens haben.

Debriefing:
Nachdem alle Teams ihr Wappen präsentiert haben, kann eine kurze Gesprächsrunde stattfinden.

Der Trainer kann folgende Fragen stellen:
- Welche dieser Stärken ist ihnen als Abteilung am wichtigsten und warum?
- Gibt es Stärken, die Ihnen entfallen sind und sie erst wieder durch das Spiel auf diese Stärken aufmerksam geworden sind?
- Inwiefern ist Ihnen täglich bewusst, wie wichtig diese Stärken für das Unternehmen sind?

SPIEL: GLEICH UND DOCH ANDERS

Diese Übung ähnelt in Zügen dem Team-Wappen-Spiel, bringt allerdings etwas mehr Schwung ins Geschehen. Damit sollen die Teilnehmer Spaß haben, Stress abbauen und ihre Ressourcen neu entdecken.

Mindestanzahl Teilnehmer:
15 Personen

Dauer:
15-20 Minuten

Materialien:
Papier und Stifte

Ablauf:
Teile die Teilnehmer in kleine Gruppen auf. Innerhalb von fünf Minuten sollen die Teilnehmer Gemeinsamkeiten "brainstormen". Ein Teilnehmer schreibt dabei stets mit. Sobald die fünf Minuten abgelaufen sind, sollen alle Gruppen ihre Gemeinsamkeiten vorlesen.

In der nächsten Runde sollen die gleichen Gruppen ihre Unterschiede aufschreiben. Dies können beispielsweise Hobbys, seltene Zweitnamen oder bestimmte Fähigkeiten sein. Zum Schluss werden die Unterschiede der Reihe nach vorgelesen. Die Teilnehmer der anderen Gruppen müssen nun erraten, um wen es sich jeweils handelt.

Debriefing:
Folgende Fragen könnten gestellt werden:
- Waren Sie überrascht von Ihren Gemeinsamkeiten? Hätten Sie gedacht, dass es so viele sind?
- Ist es leicht zu vergessen, wie viele Dinge man gemeinsam hat?

- Wie haben Sie erraten, um welche Person es sich bei der Aufzählung der Unterschiede jeweils handelt?

SPIEL: DER FRÖBELTURM

Ein besonderes Spiel zum Aufbau des Teamgeistes habe ich mir für den Schluss aufgehoben: Das Fröbelturm-Spiel! Dieses Teamspiel fordert die Teilnehmer heraus, bringt Spaß und Spannung mit sich und katapultiert den Teamgeist erfahrungsgemäß auf das nächste Level. Das klare Ziel dieses Spiels ist es herauszustreichen, dass jede kleinste Handlung eines Teilnehmers das Gesamtbild beeinflussen kann – und zwar im positiven wie im negativen Sinne. Aus diesem Grund ist es ein optimales Spiel, um den Teilnehmern zu verdeutlichen, wie wichtig ihre Rolle innerhalb des Teams und somit innerhalb des Unternehmens ist.

Anzahl Teilnehmer:
4 bis 24 Personen

Dauer:
15-45 Minuten

Materialien:
Ein Fröbelturm-Spielset

Ablauf:
Die Teilnehmer stehen im Kreis, in der Mitte liegen die Holzblöcke und der am Boden liegende Holzteller. Nun nimmt jeder Teilnehmer eine Schnur in die Hand und spannt diese, sodass der Holzteller samt Hängevorrichtung in der Luft schwebt. Ziel des Spiels ist es nun, mit dem hängendem Metallbügel die Holzblöcke aufzuheben und Stück für Stück zu stapeln. Früh genug wird sich ein „Leader" herausstellen, der das Team zu koordinieren versucht. Wenn sich seine Anweisungen als nützlich erweisen, werden die Spielenden ihn als Leader anerkennen und seine Anweisungen befolgen. Als Trainer wirst du diese subtilen Verhandlungen beobachten können und sie im Debriefing zu Wort bringen.

Das Spiel ist von vielen Faktoren wie beispielsweise der Kommunikation der Teilnehmer oder die Art und Weise, wie man sein Seil festhält, abhängig und kann auf ganz unterschiedliche Arten vereinfacht oder erschwert werden.

Beispiele für Spielvariationen können folgendermaßen ausschauen:
- Es darf nicht geredet werden.
- Man darf das Seil nur mit einer Hand festhalten.
- Holzklötze, die niedergefallen sind, dürfen nicht mehr aufgehoben werden.
- Ein oder zwei Teilnehmer haben die Augen verbunden und hören auf die Anweisungen der „sehenden" Teilnehmer.

Debriefing:

Ein Debriefing ist nicht zwangsläufig notwendig, da bei diesem Spiel oft „Der Weg bereits das Ziel ist" und das Erlebte für sich spricht. Aus Erfahrung weiß ich jedoch, dass ein kurzes Reflektieren im Anschluss an das Spiel für einen langanhaltenden Effekt sorgen kann. Indem die Teilnehmer sich der Bedeutung des Spiels noch einmal bewusstwerden, die Art der Kommunikation reflektieren und den Status des Fortschritts besprechen, bringen sie das Erlebte in ein „Big Picture" und können es für sich selbst besser abspeichern.

Mögliche Fragen zum Debriefing könnten lauten:

- Ist es Ihnen leichtgefallen gemeinsam den Holzteller in der Mitte des Kreises zu bewegen?

- Hätten Sie gedacht, dass Sie gemeinsam so effizient an den Fäden ziehen können?

- Wer im Team hat das Geschehen geleitet?

- Was hat Sie davon überzeugt, die Anweisungen von Herr/Frau X zu befolgen?

- Meine Einschätzung ist, dass Sie sogar Ihre eigenen Erwartungen übertroffen haben. Ist das richtig?

- Was können Sie aus diesem Spiel für den Berufsalltag mitnehmen?

EXKLUSIVER BONUS

Mit dem Gutscheincode „TEAMBUILDING10" bekommst du als Leser bzw. als Leserin dieses Buchs exklusive 10 Prozent Rabatt auf den Fröbelturm des österreichischen Holzspielzeugherstellers „waelderspielzeug". Als langjähriger Fan dieses Teamspiels ist es mir ein großes Anliegen dir dieses Spiel nicht nur weiterzuempfehlen, sondern dir auch einen finanziellen Mehrwert bieten zu können. Details zu dem regional produzierten Teamspiel erwarten dich auf der folgenden Website: www.froebelturm.waelderspielzeug.at

Mit diesem schönen Teamspiel im Gepäck machen wir uns nun in das letzte Kapitel dieses Buchs auf. Die Abschlussphase wartet mit jeder Menge Tricks, Dos und Don'ts und neuen Abschlussspielen auf uns.

KRÖNENDER ABSCHLUSS: DIE NACHHALTIGKEIT

Du wirst in diesem Kapitel lernen:

- Wie es dir gelingen wird einen langfristigen Teamgeist aufzubauen.
- Welche passenden Möglichkeiten es zum effektiven Ausnutzen der Pausen gibt.
- Ob Wettbewerbsspiele als Krönung des Teambuildings für dein Seminar geeignet sind.
- Welche fünf konkreten Teamspiele ich dir für die Abschlussphase des Seminars empfehle.

FÜR LANGFRISTIGKEIT SORGEN

„Menschen, die miteinander arbeiten, addieren ihre Potenziale. Menschen, die füreinander arbeiten, multiplizieren ihre Potenziale!"

Steffen Kirchner

Nach dem Teamaufbau im vorangegangenen Kapitel widmen wir uns nun dem krönenden Abschluss des Seminars, des Workshops oder der Teamschulung. In dieser Phase des Events wollen wir das Erlebte noch einmal Revue passieren lassen und ihm einen möglichst langfristigen Charakter verleihen. Wie uns das gelingen kann, betrachten wir nun im Detail. Wir betrachten zunächst den Aspekt der „Langfristigkeit" und überlegen uns dann, welche begleitenden Elemente für ein Wohlfühlambiente und einen nachhaltigen Eindruck des Events sorgen können. Außerdem steigern wir in dieser Phase noch einmal das Spielniveau und wählen bewusst wettkampfsbezogene Spiele aus, die den Teamgeist zusätzlich stärken sollen. Doch, erst einmal gilt es Schritt für Schritt zu gehen und uns zunächst das Ziel der Langfristigkeit in unserem Kontext genauer anzuschauen.

LANGFRISTIGKEIT SICHERN

Ein möglicher Weg erlernte Erfahrungen eines Workshops auf längere Dauer zu manifestieren ist es, das Erlebte mit Essen zu verbinden. Warum ausgerechnet Essen? Nun, mit dem Essen verbinden wir meist eine Art Belohnung, es gehen oft soziale Interaktionen mit dem Essen einher und Erlebnisse werden mit dem Tischnachbar oder in stehender Runde noch einmal zum Besten gegeben – allesamt Faktoren, die einen nachhaltigen Effekt erzielen.

Besonders bei längeren oder mehrtägigen Veranstaltungen kommt ein begleitendes Catering meist sehr gut an und tut seine zusätzlichen Teambuilding-Dienste. Eine kostengünstigere Alternative wäre es, die Teilnehmer in die Catering-Organisation miteinzubeziehen. Schon in der Planungsphase des Teambuilding-Events kannst du den Auftraggeber oder sogar die Teilnehmer direkt ansprechen und sie bitten selbstzubereitete Snacks oder einen selbstgebackenen Kuchen mitzubringen.

Das fördert das Gefühl der Partizipation und Zugehörigkeit und kann in der Pause zu interessanten Gesprächen führen. Teilnehmer plaudern dann oft über die einzelnen Gerichte und tauschen Rezepte untereinander aus. Ist das Unternehmen mit Angestellten aus unterschiedlichen Kulturen besetzt, macht das die Büffetkonstellation noch interessanter.

UNTERHALTUNG ZWISCHENDURCH

Um in Pausen und Leerlaufzeiten nicht vor unangenehmen Stillen zu stehen, kann sich der Trainer vorweg bereits einige Unterhaltungsmethoden einfallen lassen.

Einige Ideen, um für Smalltalk-Themen oder gemeinsame Pausenaktivitäten zu sorgen könnten folgende Unterhaltungsformen sein:

- TOMBOLA: Kleine Gewinnpreise können schön verpackt oder prominent ausgestellt platziert werden (zum Beispiel Duftkerzen, Schachtel Pralinen, Kosmetikprodukte). Die Verlosung kann ganz einfach gestaltet werden, indem jeder Teilnehmer eine Nummer zieht und der entsprechende Preis verlost wird. Auf diese Art bietet sich den Seminarteilnehmern leicht ein Smalltalk-Thema (gewonnene Preise, Vorlieben, Losnummern, etc.) an.

- ONLINESPIELE: Wenn die Angestellten des Unternehmens im IT-Bereich arbeiten, werden sie Computerspiele mit großer Wahrscheinlichkeit lieben. Mit dem Bereitstellen von Laptops für Computerspiele oder einer Spieleecke in der ein großer Screen zum gemeinsamen „zocken" einlädt, kann für unterhaltsame Pausenunterhaltung gesorgt werden.

- OFFENE BÜHNE: Jeder Teilnehmer kann, wenn er möchte, auf einer kleinen Bühne sein Talent beweisen, sei es singend, ein Instrument spielend, schauspielerisch oder mit einer Stand-Up Comedy-Show. Das erfordert definitiv Mut, ist gewiss nicht für jede Veranstaltung geeignet, und bringt dennoch garantiert Spaß und eine gelassene Atmosphäre in die Pausen der Workshops.

- KARAOKE-ABEND: Auch das Organisieren eines Karaoke-Abends ist eine lustige Idee. Dafür ist auch nur das passende Equipment notwendig und schon steht einem unterhaltsamen Abendprogramm nichts mehr im Wege.

- TISCHTENNIS: Mit einigen einfachen Tricks kann ein selbstgemachter Tischtennistisch gezaubert werden. Im Internet gibt es viele Ideen für das günstige Basteln eines Tischtennistisches. Alternativ kann auch ein professioneller Tisch organisiert und an einem speziellen Platz aufgestellt werden – Pausenbewegung und Pausenunterhaltung ist damit jedenfalls fix garantiert.

Zusätzlich zu diesen Ideen besteht auch stets die Möglichkeit die Teilnehmer nach ihren Wünschen zu fragen, vielleicht haben sie ganz einfach umsetzbare und wertvolle Ideen für Pausenaktivitäten und helfen dir diesbezüglich ein Wohlfühlambiente zu schaffen.

SPIELE ALS BRÜCKEN ZWISCHEN WETTBEWERB UND KOOPERATION

Bis dato sind alle genannten Spiele zum Aufbau des Teambuilding gewählt worden, es wurde bewusst auf starke Wettbewerbssituationen verzichtet. In der Abschlussphase sind die beiden Elemente „Wettbewerb" und „Kooperation" jedoch von elementarer Bedeutung, immerhin sind sie zwei wichtige Elemente im Lernprozess vom Menschen (und auch Tieren). Instinktive Spiele mit kompetitiven und auch kooperativen Elementen wurden beispielsweise bereits mehrfach bei Säugetieren wie Ratten, Hunden oder Menschenaffen beobachtet. Es gibt umfangreiche Literatur zu Wettbewerb- und Kooperationsverhalten und den von ihnen ausgehenden Vorteile in der sozialen, emotionalen und kognitiven Entwicklung – ohne an dieser Stelle genauer darauf einzugehen.

Ein Wettbewerb ist allgemein betrachtet eine Situation, bei der zwei oder mehrere Teams gegeneinander antreten. Das dem Wettbewerb zugrunde liegende Prinzip ist es einen moralischen Wert anzuerkennen. Dieser Wert kann unterschiedlich sein, es kann sich um Wettbewerbe mit Allgemeinwissen (Wer kann die meisten Fragen richtig beantworten?), oder Kreativität (Wer baut das innovativste Papierflugzeug?) oder Vertrauen (Wer führt das augenverbundene Teammitglied am schnellsten ans Ziel?) handeln. In diesem Sinne können kompetitive Situationen starke Symbole sein. Die Teilnehmer beweisen dabei, dass sie nicht nur innerhalb eines Wettkampfes, sondern generell für bestimmte moralische Werte kämpfen wollen.

WICHTIG: Werte sollen dabei stets moralisch vertretbar und universell gültig sein. Niemand würde ein Wettbewerb wie „Wer stiehlt das meiste Geld?" durchführen wollen.

Kooperationen hingegen finden immer dann statt, wenn Mitglieder eines Teams für ein gemeinsames Ziel zusammenarbeiten.

Ein Wettbewerb ist deshalb in der Regel ein guter Anlass, um die Kooperationsfähigkeit zu fördern. Manche Trainer haben allerdings Angst, kompetitive Spiele einzusetzen, da sie angeblich „das Schlechte" in den Teilnehmern zutage befördert. Es ist in der Tat so, dass sich in einer kompetitiven Spielsituation Erfahrungen aus dem Berufsalltag zuspielen können. Auf der anderen Seite ist ein Wettbewerb eine gute Gelegenheit das volle Potenzial einer gelebten Teamfähigkeit auszuschöpfen, wenn es bereits eine gesunde Beziehung zwischen den Teilnehmern gibt. In solchen Situationen sind kompetitive Spiele definitiv sehr nützlich und auch fördernd. Damit kompetitive Spiele nicht außer Kontrolle geraten, musst du als Trainer die Stimmung und die Gruppendynamik jedoch individuell beobachten. Du musst dann selbst entscheiden, ob die Angestellten des Unternehmens reif für eine konstruktive und stärkende Wettbewerbssituation sind. Teams und Unternehmen mit einer volatilen Atmosphäre sollten lieber nicht auf

Wettbewerbssituationen setzen – vielmehr auf kooperative Spiele.

ES MUSS NUN MAL EINEN VERLIERER GEBEN

Dieser Aspekt ist mir noch besonders wichtig, da er von angehenden Trainern und Coachs oft vernachlässigt bzw. nur wenig konsequent durchgezogen wird. Und dieses Manko ist ein großer Fehler. Es mag ein natürlicher Instinkt eines Trainers sein alle Teilnehmer für ihre Mühen krönen zu wollen. Doch diese barmherzige Handlung kann negative Konsequenzen haben. Geht es um das Kämpfen und die Behauptung eines moralischen Wertes, muss es Verlierer und Gewinner geben. Wenn sich das gewinnende Team um den ersten Platz bemüht hat, zum Schluss aber erklärt wird, dass „alle gewonnen haben", ist das aus zwei Gründen kontraproduktiv. Der moralische Wert an sich wird herabgewürdigt. Für ein gutes Ergebnis lohnt es sich demnach erst gar nicht mehr zu kämpfen und es ist auch zu Beginn des Wettkampfs nicht klar, ob die angepriesene Belohnung am Ende noch die gleiche ist. Für das Gewinnerteam ist solch ein Verhalten äußerst demotivierend. Für das Verliererteam ergibt sich aus diesem Verhalten außerdem die Erkenntnis, dass man ohne harte Arbeit ebenso zu den Gewinnern zählen kann. Aus diesem Grund rate ich dir in diesem Aspekt – auch wenn es Überwindung kostet – diszipliniert und streng in der Belohnung zu bleiben.

Um für faire Bedingungen zu sorgen, rate ich dir außerdem sehr präzise Formulierungen zu wählen und mögliche Enttäuschung damit schon vorweg zu verhindern.

Ein Beispiel, wie solch eine Formulierung lauten könnte, ist die folgende:

> „Ich bedanke mich an dieser Stelle für den heutigen Tag, vielen Dank für Ihre Aufmerksamkeit, ich weiß es war ein langer Tag. Ich gratuliere an dieser Stelle dem heutigen Gewinnerteam noch einmal ganz besonders, Ihre Kreativität und Kooperation war wirklich hervorragend. Vielen Dank auch an alle anderen Teilnehmer, es hat wirklich Spaß gemacht mit Ihnen zu spielen!"

Auf den nächsten Seiten erwartet euch nun eine Fülle an kompetitiven sowie kooperativen Spielen. Viele dieser Spiele fördern das Wettbewerbsvermögen sowie die Kooperation unter den einzelnen Teammitgliedern und sorgen damit neben der heißen Phase des „Teambuildings" noch für spannende und nachhaltige Teamstunden.

SPIEL: DIE SCHATZSUCHE

Die klassische Schatzsuche wird jedes Teambuilding-Event bereichern, das Teamgefühl auf Dauer festigen und den

Seminarteilnehmern großartige Erlebnisse bieten. Eine Schatzsuche, oder auch „Schnitzeljagd" genannt, kann vielfältig gestaltet und an die Zusammensetzung des Teams angepasst werden. Dieses Spiel ist speziell für mehrtägige Seminare und Workshops geeignet und kann auch gut gegen Ende einer längeren Veranstaltung eingebaut werden.

Teamgröße:
Für das Spiel muss die Gruppe in mindestens zwei Teams aufgeteilt werden

Dauer:
1-4 Stunden, je nach Komplexität des Spiels

Materialien:
Je nach Inhalt des Spiels

Vorbereitung:
Definiere die räumlichen Abgrenzungen der Schatzjagd. Teile den Teilnehmern mit, wie weit sie sich entfernen sollen, um noch auf Hinweise zu stoßen. Innerhalb des Radius kannst du dir nun verschiedene, schwere und leichte Verstecke überlegen, an denen du die Hinweise platzieren wirst. Ich empfehle dir vorab mit der Verwaltung zu sprechen, damit deine Hinweise nicht versehentlich von einer Putzkraft entfernt werden.

Überlege dir auch einen attraktiven Preis wie beispielsweise ein Wellness-Gutschein, den du vorab mit deinem Auftraggeber abklärst. Vor Beginn des Spiels wird der Preis verkündet und damit die Motivation des Teams noch zusätzlich gesteigert.

Tipp:
Für eine Veranstaltung mit mehreren Teams überlege dir verschiedene Abläufe der Schnitzeljagd und leite nicht alle der gleichen Route entlang. Jede Gruppe erhält ihren individuellen Startpunkt genannt und beginnt von dort aus ihre Suche. Dieser Startpunkt kann jeder Gruppenleiter aus einer Kiste mit Zetteln oder einem Hut ziehen. Auf diese Art vermeidest du, dass sich die Teams auf der Schatzsuche in die Quere kommen und sich gegenseitig behindern oder Vorteile verschaffen. Außerdem steigt damit auch das Wettbewerbsfieber, weil die Teams untereinander nicht wissen, wie weit die anderen Teams schon sind.

Ablauf:
Den Teams wird eine bestimmte Aufgabe zugeteilt, die sie beantworten müssen und damit den Hinweis für den Aufenthalt des nächsten Verstecks erhalten werden. Von einer Station zur anderen finden die Teams ihren Weg zur letzten Antwort und gewinnen damit – sofern sie das erste Team sind - das Spiel.

Natürlich macht es am meisten Spaß, wenn die Schatzjagd sich auf das Unternehmen oder das bearbeitete Thema im Seminar bezieht. Idealerweise überlegst du dir dazu kleine Rätsel oder kurze Fragen und lässt das Team gemeinsam nach Antworten suchen.

Gestaltung:
Der erste Hinweis beim Zettel ist ein Ort wie beispielsweise „Blumenvase". Auf einem zweiten Zettel steht dann „Couch" und auf einem dritten ist ein „Baum" abgebildet. An diesen Orten werden die Teams nun ihren weiteren Hinweis entdecken, nun gilt es das richtige Objekt (Blumenvase, Couch, Baum) zu entdecken und dort den nächsten Hinweis zu erhalten. Der nächste Hinweis sollte idealerweise etwas schwieriger sein und den vorangegangenen Hinweis stets in seiner Komplexität übertrumpfen.

Solche Beispiele könnten gemischte Buchstaben sein, in denen das gesuchte Wort erraten werden muss, oder ein Kreuzwort- oder themenbezogenes Rätsel – der Kreativität des Schnitzeljagd-Erstellers sind hier keine Grenzen gesetzt. Vergiss jedoch nicht, je themenrelevanter die Rätsel sind, umso besser passen sie in den Workshop!

SPIEL: DIE BASTELSTUNDE

Dieses Spiel eignet sich für Teams, die sich bereits sehr gut kennen und insbesondere auch für Teams einzelner Fachabteilungen. Die Teilnehmer kennen sich zwar sehr gut, doch es besteht die Gefahr, dass durch die Monotonie in der Arbeit andere Qualitäten und Fähigkeiten der Mitarbeiter nicht zu Tage kommen. Ziel des Spieles ist es, das Team aus seiner Komfortzone herauslocken und die Kreativität, Kooperationsfähigkeit sowie den Wettbewerbsgeist zu fördern.

Gruppengröße:
Das Spiel ist optimal für größere Veranstaltungen geeignet, in dem mindestens zwei Teams oder Abteilungen dabei sind.

Dauer:
1,5 - 2 Stunden

Materialien:
Je nach Bedarf, Eisstäbchen, Klebstoff, Papierrollen, Scheren, Marker, u.v.m.

Ablauf:
Die Teams bekommen eine kreative Aufgabe, die sie innerhalb eines bestimmten Zeitraums fertigstellen müssen. Zum Schluss wird jede Arbeit präsentiert und die beste davon mit einem Preis belohnt.

Beispiele für solche Aufgaben könnten sein:
- Einen Zug für Legofiguren bauen
- Ein Auto für ein Ei basteln
- Eine Mini-Bühne für Legofiguren basteln
- Wolkenkratzer für Legofiguren bauen
- Einen bekannten Wolkenkratzer nachbauen
- Eine Brücke bauen, die einen Teller halten kann

Debriefing:
Sobald die Zeit abgelaufen ist, tritt jedes Team hervor und präsentiert sein Werk. Dabei wird in erster Linie der Praxistest durchgeführt und das Endergebnis auf seine Tauglichkeit hin geprüft. Ein Komitee, welches sich nicht am Wettbewerb beteiligt, soll im Anschluss daran entscheiden, wer der Gewinner bzw. das Gewinnerteam ist.

SPIEL: DAS ÖFFENTLICHE VERSPRECHEN

Dies ist vielmehr eine Übung als ein klassisches Spiel. Nichtsdestotrotz steckt viel Kraft in einem öffentlichen ausgesprochenen Versprechen, es stärkt außerdem Bindung zum Team und zum Unternehmen. Diese Übung kann entweder individuell oder auch im Namen eines ganzen Teams durchgeführt werden. Ziel des Spiels ist es vor allen Teilnehmern des Seminars ein Versprechen zu machen. Dieses Versprechen kann je nach Gestaltung des Seminars ganz unterschiedlich sein - persönlich, individuell, karrierebezogen oder sogar teambezogen.

Beispiele dafür könnten lauten:
- Individuell, persönlich Versprechen: Ich werde bis nächsten Monat 5 Kilo abnehmen.
- Individuelles, karrierebezogenes Versprechen: Ich habe aus diesem Seminar viel gelernt und nehme mir

als Ziel meine Verkaufszahlen zu steigern und die hier erlernten Strategien umzusetzen.
- Teambezogenes Versprechen: Wir erklären hiermit vor allen Teilnehmern, dass wir bis nächste Woche unsere Kommunikationsverfahren optimieren und ein tägliches Stand-Up-Meeting halten werden.

Indem ein Versprechen oder eine öffentliche Erklärung in Worte gefasst wird, bekommt der Teilnehmer viel mehr Motivation, sich an das Versprechen zu halten. Alle anderen Teilnehmer werden zu Beobachtern dieses Versprechens. Der Druck wird für diejenige Person größer, auf der anderen Seite ist auch die Belohnung - wenn das Ziel erreicht wird - viel größer. Außerdem zeigt diese öffentliche Erklärung die Bereitschaft, eine aktive Stellung im Unternehmen einzunehmen und kann die Person zusätzlich stärken.

Ablauf:
Der Trainer erklärt die Aufgabe und fordert jemanden auf diese Übung zu beginnen. Der Trainer kann auch selbst anfangen und sagen:

> „Ich habe aus diesem Seminar vieles mitgenommen und verspreche hier vor allen Teilnehmern …"

SPIEL: EXPERIMENT MIT DER AUGENBINDE

In dieser Spielkategorie können viele Variationen erarbeitet werden. Die Grundprinzipien des Spiels basieren jedoch auf dem Aufbau von Vertrauen, Leadership, Kooperation, Ehrlichkeit, Unterstützung und Teamfähigkeit. Es ist damit ein starkes Spiel, das viele Aspekte auf einmal bedient – vorausgesetzt es wird die passende Spielvariante für das Team ausgewählt. Unter anderem können Teams in diesem Spiel auch gegeneinander antreten, es gibt je nach Anforderungsprofil mehrere Varianten.

Variante 1:
Einem Teammitglied werden zu Beginn des Spiels die Augen verbunden. Diese Person muss nun verschiedene Hindernisse erfolgreich überwinden und einen bestimmten Punkt im Raum erreichen. Hindernisse wären: Leitkegel, Stühle, Schuhe, Hefter, u.v.m. Die anderen Mitglieder der Gruppe stehen oder sitzen am Rande des „Minenfeldes" und geben dem Kollegen Anweisungen, wie er sich bewegen soll. Der Teilnehmer muss den Teamkollegen vertrauen und ihren Anweisungen folgen. Jenes Team, das als erstes ein vorgegebenes Ziel im Raum erreicht, gewinnt. Ein Ziel wäre beispielsweise die entgegengesetzte Wand oder ein bestimmtes Objekt, das in der anderen Ecke des Raumes liegt.

Bei kleineren Teams von bis zu 10 Mitgliedern pro Team können allen Teilnehmern der Reihe nach, die Augen zugebunden werden. In diesem Fall muss der Trainer die Hindernisse jedes Mal etwas unterschiedlich positionieren, sodass der Teilnehmer nicht weiß, wie das Minenfeld aussieht. Das Team, bei dem alle Mitglieder zuerst durch das Minenfeld geführt wurden, gewinnt.

Hinweis:
Im Raum könnte es laut werden, da sich die Teilnehmer in der Regel recht lautstark die einzelnen Anweisungen zurufen – das ist durchaus in Ordnung. Es fördert den Teamgeist und die Wettbewerbsatmosphäre noch zusätzlich. Der Trainer soll jedoch immer darauf achten, dass der gesamte Ablauf verletzungsfrei vonstatten geht.

Debriefing:
Am Ende des Spieles wird das Gewinnerteam verkündet und über den Zweck des Spieles resümiert. Ziel des Spieles ist es zu verdeutlichen, wie sehr sich die Teilnehmer gegenseitig vertrauen und wie wichtig solch ein Vertrauen für eine erfolgreiche Zusammenarbeit ist. Gerade in Situationen, in denen ein Kollege Unterstützung von erfahrenen Kollegen mit einem besseren Überblick über die Gesamtsituation braucht, kommen Vertrauen, Geduld und Empathie zum Vorschein. Dabei lernt nicht nur der einzelne Kollege, der geführt wird, viel über sich und sein Team, sondern das gesamte Team wird nachhaltig davon profitieren.

Variante 2:
Dieses Spiel kann als Wettbewerb zwischen verschiedenen Teams oder nur mit einem einzigen Team gespielt werden. Bei dieser Variante haben alle Teammitglieder die Augen verbunden. Ein Team bekommt ein Seil und muss dieses in einer bestimmten Form auf den Boden legen, beispielsweise in einer Quadratform oder als Hexagon. Dieses Spiel ist zeitlich kürzer, dafür ist das Herausforderungsniveau größer und es kann komplizierter gestaltet werden.

Beispiel einer Spielvariante:
Das Team geht gemeinsam von A nach B und überwindet dazwischen einzelne Hindernisse. Sobald das Team an Punkt B ankommt, soll es das Seil in einer vorgegebenen geometrischen Form auf den Boden legen. Alternativ zu einem Seil können verschiedene Objekte wie beispielsweise Legoteile oder Bleistifte verwendet werden. Die Kunst an diesem Spiel ist wiederum das blinde Wagnis ins Unbekannte. Wer wagt es als Erster ins Ungewisse zu treten?

Debriefing:
Der Trainer eröffnet das Gespräch mit einigen Fragen und Anregungen, wie beispielsweise:
- Welches Gefühl hatten Sie, als sie die Augen verbunden hatten?
- Welches waren die schwierigsten Momente für Sie?
- Wie hat es jeder individuell empfunden?
- Was könnten Sie aus diesem Spiel mitnehmen? Wie sind diese Erkenntnisse in Ihrer Abteilung umsetzbar?

SPIEL: DAS TEAMDUELL

Das Teamduell ist eine Anpassung des bekannten Familienduells. Dieses beliebte Spiel kannst du je nach Bedarf ganz simpel halten oder auch komplex und vielschichtig gestalten. Dank dieser Flexibilität kann es sowohl als Entwicklung des Teambuildings als auch als Verankerung des bereits entwickelten Teamgefühls verwendet werden. Das Familienduell eignet sich für eintägige sowie mehrtägige Seminare gleichermaßen. Die Teams sollen sich idealerweise gut kennen und bereit sein mit anderen Teams im Wettbewerb gegeneinander anzutreten.

Ziel des Spieles ist es, Wissen und Werte des jeweiligen Unternehmens zu vermitteln und die im Seminar gewonnenen Kenntnisse zusätzlich zu festigen. Dieses Spiel fördert außerdem das Teamgefühl und die Bindung der Arbeitnehmer zum Unternehmen. Und, nicht ganz unwichtig, das Spiel bringt jede Menge Spaß mit sich und funktioniert am besten mit einer Belohnung für das beste Team.

Dauer:
1-3 Stunden, je nach Komplexität

Ablauf:
Am Anfang des Seminars wird „ein Wissenswettbewerb" angekündigt. Thematisch können sich die Fragen um

berufliches und unternehmensspezifisches handeln (z.B. Unternehmensgeschichte, Gründer) oder es werden fachspezifische Fragen gestellt. Der Trainer erklärt den Teilnehmern nun, dass die Antworten auf die kommenden Fragen im Kurs enthalten sind. Das macht nicht nur das Abwarten spannend, sondern es schärft die Konzentration der Teilnehmer während eines Vortrags.

Der Tag oder die Zeit des „Teamduells" ist nun gekommen und die Teams treten gegeneinander an. Es sollten mindestens zwei Teams à 5 bis 7 Mitglieder sein. Die Teams sitzen im Raum so zusammen, dass sie kleine Grüppchen bilden. In der Mitte steht immer der Trainer und moderiert das Geschehen.

Regeln:
Gibt es mehr als 2 Teams, muss es eine Ausscheidungsrunde geben.

Diese kann aus drei bis vier herkömmlichen Duell-Runden bestehen. Danach werden die Punkte der gegebenen Antworten zusammengezählt. Das Gewinnerteam darf nun gegen das verbliebene Team antreten. Ein Mitglied von einem Team tritt der Reihe nach gegen ein Mitglied des Gegnerteams an. Jedes Mitglied hat die Chance gegen ein rivalisierendes Mitglied anzutreten. Die Frage wird den beiden Wettstreitern vorgelesen und sie müssen sich melden, wenn sie glauben die passende Antwort zu wissen. Ist die Frage richtig, wird die Punktezahl auf ein Whiteboard notiert. Ist die Antwort falsch, bekommt der Teilnehmer ein

X notiert. Nach drei X ist die Runde für den Wettkämpfer vorbei und zwei andere Gegner dürfen nun gegeneinander antreten und Punkte für ihr Team sammeln. Das Team mit den meisten Punkten gewinnt.

Punkte zählen:
Im originalen Familienduell hat eine Frage mehrere richtige Antworten. Jede Antwort hat eine bestimmte Punktezahl. Einige Antworten haben dabei mehrere Punkte wie andere, da sie schwieriger zu beantworten sind. Du kannst auch für dieses Duell die Fragen individuell zusammenstellen und mehrere Antwortmöglichkeiten zulassen.

Die letzten zwei Teams treten zum Schluss des Wettbewerbs gegeneinander an. Die Verliererteams werden nun zu Zuschauern. Dieser Aspekt ist später wichtig, falls du nach dem Spiel noch ein Debriefing durchführst.

Debriefing und Preisverleihung:
Genauso wie beim Fröbelturm-Spiel im vorigen Kapitel ist ein Debriefing erst dann nötig, wenn das Team oder die Teams einen beachtlichen Fortschritt im Sinne von Kooperations- oder Teamgeistaufbau gemacht haben. In diesem Falle kann beispielsweise das erste Verliererteam viel Input geben, da es das darauffolgende Geschehen als Außenstehender ganz objektiv beobachten konnte. Ansonsten können die Auftraggeber eventuell einige abschließende Worte sagen und möglichst positive Erkenntnisse aus dem Duell ziehen. Zum Schluss kommt die wohl verdiente Preisverleihung des Gewinnerteams

sowie ein Dankeschön für die aktive Teilnahme der Seminarteilnehmer am Spiel.

Mit diesem beliebten Teamspiel sind wir nun auch am Ende des Seminars angekommen. Bevor für den Trainer oder Coach jedoch seine Aufgabe vollständig erfüllt ist, gilt es noch die bereits erwähnte Feedbackschleife mit den Seminarteilnehmern und dem Auftraggeber zu verfolgen. Nur auf diese Art kannst du den Erfolg deines subjektiv empfundenen Seminarerlebnisses mit Teilnehmerstimmen ergänzen und für zukünftige Workshop „Learnings" ableiten. Einen passenden Feedback-Bogen für das Einholen der Teilnehmermeinung habe ich dir zur Unterstützung am Ende des Buchs in den Anhang gepackt und hoffe dir mit diesem exemplarischen Musterbeispiel eine Orientierungshilfe liefern zu können.

EIN FAZIT UND AUSBLICK

Liebe Leserin, lieber Leser,

nach all der Fülle an Input, Ideen und Ideologien stimmst du mir gewiss zu, wenn ich behaupte: In Spielen steckt ein unbeschreibliches Lernpotenzial! Der Spielinstinkt und mit ihm das symbolische Denken sind letztendlich für das Lernen in jedem Alter die treibende Kraft. Ob als Kind mit einer Banane am Ohr oder als Erwachsener mit einem Fröbelturm-Spiel in der Gruppe, wir erleben Vertrauen, Gemeinschaft und Teamgeist spielerisch auf einer neuen Ebene und können es nachhaltig abspeichern.

Aus diesem Grund ist die Aufgabe des Trainers oder Coachs auch meiner Meinung nach so eine Bedeutsame. Mit

Hilfe von Workshops und Spielen den Teamgeist zu fördern und ein aktives Teambuilding aufzubauen ist eine wertvolle, herausfordernde und gleichzeitig dankbare Aufgabe. Der spannende Teil des Trainer-Daseins ist gewiss auch die persönliche Zusammenarbeit mit ganz unterschiedlichen Persönlichkeitstypen und Gruppenkonstellationen. In Kombination mit der Tatsache, dass es didaktisch, methodisch und in Bezug auf die sozialen Kompetenzen immer wieder neue Mittel und Wege gibt, kommt im Normalfall garantiert keine Monotonie in das Leben eines Trainers und sie bzw. er lernt in jedem Workshop wieder „etwas Neues" über sich, seine Stärken und Schwächen, seine Teilnehmer und seine Auftraggeber. Ich hoffe nun, dass es dir dabei wie mir geht, und du diesen bunten Mix an Erfahrungen, Selbstwahrnehmungen und Feedback als Bereicherung siehst und deinen Workshop-Schatz stets mit neuen Tricks erweitern und verbessern möchtest.

Abschließend ist es mir noch ein Anliegen dich daran zu erinnern wie wichtig deine eingebrachte Leidenschaft im Kontext des Workshops oft ist. Alle methodisch und didaktisch perfekt umgesetzten Ansätze werden nicht den gewünschten nachhaltigen Effekt erzielen, wenn du nicht mit Herzblut den Workshop leitest und gleichzeitig die Teilnehmer mit all deiner vorhandenen Energie verzauberst. Das klingt auf den ersten Blick einleuchtend, und dennoch vergessen Trainer in der Stresssituation oft darauf und verstecken sich hinter künstlichen Worthülsen, Methodiken und Präsentationen. Als Trainer ist es für dich unglaublich wichtig, dass du trotz Nervosität und Anspannung authentisch bleibst.

Auf diese Art kann ein Teambuilding-Event (d)ein Unternehmen, (d)eine Organisation oder (d)ein Verein auf viele unterschiedliche Ebenen bereichern – es fördert die Motivation, das Wohlbefinden und die Einsatzbereitschaft der Mitarbeiter und bringt vielfältige Vorteile mit sich. Mit einem Teambuilding-Event trägst du, als Trainer oder Coach, aktiv zur Ausnutzung von Synergien und zur Schaffung von Harmonie im Unternehmen bei und verhilfst der Organisation und seinem Team damit funktionsfähig, werteorientiert und erfolgreich zu sein.

Mit diesen schönen Aussichten ist deine Motivation für die nächste Teamveranstaltung nun hoffentlich vollauf geweckt und du kannst bei der Planung und Durchführung des nächsten Events – so sind zumindest meine bescheidenen Wünsche - auf die spannenden Spielideen und wertvollen Erkenntnisse aus diesem Buch zurückgreifen.

Ich wünsche dir von ganzem Herzen erfolgreiche, vielversprechende und motivierende Workshops und stehe gerne über dieses Buch hinaus für Feedback, Rückfragen oder Anregungen unter lorelei@luve-publishing.com zur Verfügung.

Auf jede Menge weitere vielversprechende Teamevents!
Deine Lorelei Kopp

Ein Fazit und Ausblick

FEEDBACK EINHOLEN: EINE MUSTERVORLAGE

Damit du dir beim Erstellen eines Feedbackbogens leichter tust, habe ich für dich ein exemplarisches Musterformular erstellt. Dieses Formular enthält einige Anregungen, wie du gegen Ende des Seminars, deine Teilnehmer um Feedback bitten kannst. Selbstverständlich lebt diese Feedbackschleife von deiner Kreativität und deinen persönlichen Vorlieben. Ergänze es je nach Situation und bitte die Teilnehmer um jenes Feedback, das dir bei den zukünftigen Seminaren oder zum Abschlussgespräch mit dem Auftraggeber am meisten helfen wird.

Zum Download des vollständigen PDF-Dokuments besuche bitte die Seite www.luve-publishing.com und lade den Feedbackbogen kostenlos herunter. Solltest du

Probleme beim Download haben, lass es mich gerne unter lorelei@luve-publishing.com wissen und ich werde dir den Feedbackbogen persönlich per Email zusenden.

Seminarfeedback einholen – Ein Musterformular

Bitte kreuzen Sie den für Sie passenden Wert zwischen 1 (sehr gut) und 5 (nicht zufriedenstellend) an:	1	2	3	4	5
Haben Sie sich während der Veranstaltung wohl gefühlt?					
Fanden Sie die Räumlichkeiten angenehm?					
Glauben Sie, dass die neu erworbenen Kenntnisse Ihnen von praktischem Nutzen sein werden?					
Konnten Sie für Ihr Team eine Verbesserung, im Sinne der Kooperation oder Kommunikation, feststellen?					
Welche Themen haben Ihnen besonders gut gefallen? ☐ Kooperation: ☐ Kommunikation: Andere:					
Welche Themen waren Ihnen bereits bekannt? Welche Punkte fanden sie hingegen weniger relevant und würden sie beim nächsten Mal lieber weglassen?					
Welche/s Spiel/e hat Ihnen besonders gefallen? ☐ Fröbelturm ☐ Familienduell ☐ Team-Wappen ☐ Zwei Wahrheiten, eine Lüge					
Anregungen, Lob und Kritik? Ich danke Ihnen für Ihr ehrliches Feedback!					

KONNTEST DU ETWAS LERNEN?

Abschließend kommen wir noch zu dem Teil dieses Buches, in dem ich dich um einen kleinen Gefallen bitten will. Wahrscheinlich ist dir bekannt, wie bedeutsam Rezensionen in der Welt der Bücher sind. Kunden verlassen sich beim Stöbern durch die Online-Bücherregale auf abgegebene Bewertungen und treffen aufgrund der Sterneanzahl Ihre Leseentscheidung. Indem du nun mein Buch bewertest, schenkst du ihm innerhalb eines fast schon überfüllten Amazon-Marktplatzes Sichtbarkeit - und genau um diese Mithilfe möchte ich dich an dieser Stelle kurz bitten.

Solltest du Gefallen an diesem Buch gefunden haben und es als hilfreich einstufen, wäre ich dir für eine ehrliche Bewertung sehr dankbar. Um eine Bewertung zu hinterlassen, klicke einfach am Ende des Buchs auf die Sterne und bewerte das Buch mit einigen kurzen Sätzen. Schreibe bitte, was du davon gehalten hast, oder was dir besonders gut gefallen hat. Solltest du etwas vermisst haben, oder etwas nicht deine Erwartungen erfüllt haben, darfst du das selbstverständlich ebenso dort anbringen. Darüber hinaus stehe ich dir gerne persönlich für Feedback, Rückfragen oder Anregungen zur Verfügung (E-Mail: lorelei@luve-publishing.com).

Ich lese jede eingegangene Bewertung und nehme sie mir sehr zu Herzen. Schlussendlich sind es diese ehrlichen Zeilen, die mir helfen meine Bücher in Zukunft zu verbessern!

ÜBER DIE AUTORIN

Lorelei Kopp ist Autorin, Business-Coach und Trainerin im Bereich des Teambuilding, Leadership und Human Ressource Management. Über Jahre hinweg hat sie sich mit einer Vielzahl an Aus- und Weiterbildungen zur Expertin in diesem zwischenmenschlichen Bereich entwickelt und teilt heute ihr Wissen mit Führungskräften gleichermaßen wie mit angehenden Trainerkollegen.

Das geballte Wissen gibt Lorelei Kopp seit Jahren an Unternehmer, Führungskräfte und Personalverantwortliche in Österreich, Deutschland und der Schweiz weiter. Mit ihrem Debüt-Ratgeber "Spielend leichtes Teambuilding" gibt Lorelei Kopp die Fülle an gesammeltem Know-how und den von ihr erarbeiteten Pool an Spielideen erstmals an interessierte Leserinnen und Leser weiter. Das Feedback zu diesem Buch war derart erfreulich, dass sie inmitten der Corona-Pandemie ein weiteres Ratgeberbuch publizierte: "Leadership im Homeoffice" unterstreicht das enorme Erfolgspotenzial und die damit einhergehenden Chancen von dezentral geführten Teams und bietet Personalverantwortlichen, Managern und Führungskräften eine breite Fülle an praktischen Tipps und konkreten Tools für die erfolgreiche Zusammenarbeit von Remote-Teams. Zwischenzeitlich ist dieser Bestseller sogar schon in der überarbeiteten Zweitauflage erschienen.

Ergänzt werden ihre Werke seit 2021 auch vom Ratgeberbuch „Mindful Leadership". In diesem unterhaltsam aufbereiteten Ratgeber vermittelt sie das notwendige Wissen, praktische Techniken und eine große Fülle an Methoden für mehr Achtsamkeit in der Führungswelt - ein Thema, das ihr zufolge in Zukunft noch stark an Bedeutung gewinnen wird.

Mit dem Abklingen der Pandemie gesellt sich 2022 das Werk „Die Zukunft der Arbeit ist hybrid" hinzu – ein weiterer Guide für die Praxis, mit dem Fokus auf das erfolgreiche Führen in hybriden Arbeitswelten. Dieser Ratgeber unterstreicht das Erfolgspotenzial von dezentral arbeitenden Teams und bietet Führungskräften eine breite Fülle an Tipps für die erfolgreiche Zusammenarbeit im aufstrebenden, hybriden Setting.

.

WEITERE BUCHEMPFEHLUNGEN

Wir schenken dir ein E-Book!

Im LUVE-Publishing-Verlag warten noch jede Menge weitere Bücher darauf von dir entdeckt zu werden. Trage dich dazu einfach auf www.luve-publishing.com in den Newsletter ein und erhalte ein kostenloses E-Book deiner Wahl. Die Welt der Bücher ist unserer Meinung nach zu schön, um sie nicht zu teilen!

Wir lieben es in die Welt der Bücher einzutauchen, neue Aspekte zu erkunden und diese spannenden Themen mit dir zu teilen. In diesem Sinne, viel Spaß beim Eintauchen in unsere Bücherwelt und gute Unterhaltung beim Lesen einiger weiterer, spannender Bücher!

DIE ZUKUNFT DER ARBEIT IST HYBRID

Hybrides Arbeiten wird mittel- und langfristig das dominante Arbeitsmodell sein – und zwar weltweit. Die Pandemie hat dem Home-Office und der Remote-Work einen unglaublichen „Boost" verliehen. Doch, wie schaut eine Mischung aus Homeoffice und Büropräsenz in der Praxis idealerweise aus?

Fragen dieser Art treiben viele Unternehmen, Personalverantwortliche und Führungskräfte aktuell an. Antworten darauf liefert das neue Werk von Lorelei Kopp. Es wird Zeit mehr über das zukunftsträchtige Thema zu erfahren und die damit einhergehenden Chancen zu nutzen.

MINDFUL LEADERSHIP

Führungskräfte stehen immer mehr vor enormen Herausforderungen. Statt jedoch in blinden Aktionismus zu verfallen, ist Achtsamkeit gefragt. Denn nur wer besonnen handelt, kann Krisen mit nachhaltigem Erfolg meistern - genau das leben uns einige erfolgreiche Unternehmen bereits seit Jahren vor.

Google, Bosch oder SAP haben eigene Achtsamkeitsprogramme für ihre Mitarbeiter eingeführt - und der Erfolg gibt ihnen Recht. Die Mitarbeiter arbeiten in der Regel konzentrierter, sie fühlen sich in der Unternehmenskultur wohler und weisen deutlich weniger Krankheitstage auf.

LEADERSHIP IM HOMEOFFICE

Seit einigen Jahrzehnten arbeiten Unternehmen wie Automattic (Wordpress), Buffer oder GitLab mit ihren Teams vollständig remote - und der Erfolg gibt ihnen Recht. Ihre Mitarbeiter arbeiten im Homeoffice deutlich konzentrierter, sie genießen die Freiheit der Ortsunabhängigkeit und eine bessere Work-Life-Balance.

Dieser Ratgeber unterstreicht das enorme Erfolgspotenzial von dezentral geführten Teams und bietet Unternehmensverantwortlichen eine breite Fülle an praktischen Tipps für das Führen von Remote-Teams.

QUELLEN

- Hack, Kerstin, Coaching Basics: Menschen begleiten und fördern. Down to Earth Verlag 2012.
- Mehler, Christian (Hrsg.): Team-Building als Gesamtkonzept - 16 Methoden pro Gruppenphase. Haufe 2015.
- Lienhart, Andrea: Seminare, Trainings und Workshops lebendig gestalten. Haufe 2015.
- Beermann, Susanne, Schubach, Monika: Spiele für Workshops und Seminare. Haufe 2015.
- Peragine, John, Hudgins, Grace: 365 Low or No Cost Workplace Team Building Activities. Games and Exercises Designed to Build Trust and Encourage Teamwork Among Employees. Atlantic Publishing Group Inc. 2016
- Brounstein, Martin: Gute Teamarbeit für Dummies – Das Pocketbuch. Viley-VCH-Verlag 2009.
- Chen, John: 50 Digital Team-building Games. John Wiley & Sons 2012.
- Hackman, Richard J.: Leading Teams: Setting the Stage for Great Performances. Harvard Business Press 2002.
- Topchik, Gary S.: The First Time Manager's Guide to Teambuilding. Amacom 2007.

- Millett, Jeff: Really Fun Team Building Games. Amazon Digital Services LLC 2014.
- https://www.businessballs.com/team-management/team-building-games-training-ideas-and-tips/#people-picture-interpretations-relationships-communications-attitudes-body-language-
- https://www.wissenschaft.de/gesellschaft-psychologie/warum-die-menschen-spielen/

WEITERFÜHRENDE LITERATUR

- Linde, Boris von der, Steinweg, Svea: Psychologie für den Beruf. Haufe 2010.
- Hansen, Hartwig: A bis Z der Interventionen in Gruppen. Klett-Cotta 2017.
- Briggs Myers, Isabel, McCaulley, Mary: The MBTI Manual, CPP Inc.1998
- Barger, Nancy J., Kirby, Linda K.: The Challenge of Change in Organizations: Helping Employees Thrive in the New Frontier, 1995.

www.ingramcontent.com/pod-product-compliance
Lightning Source LLC
Chambersburg PA
CBHW071149220526
45466CB00012B/262